KB211732

_____ 드림

실전 사례로 배우는
부동산 경매

실전 사례로 배우는
부동산 경매

초판 1쇄 인쇄 2019년 12월 4일
초판 1쇄 발행 2019년 12월 11일

지은이 이하성

발행인 장상진
발행처 경향미디어
등록번호 제313-2002-477호
등록일자 2002년 1월 31일

주소 서울시 영등포구 양평동 2가 37-1번지 동아프라임밸리 507-508호
전화 1644-5613 | **팩스** 02) 304-5613

©이하성
ISBN 978-89-6518-303-7 03320

· 값은 표지에 있습니다.
· 파본은 구입하신 서점에서 바꿔드립니다.

실전 사례로 배우는
부동산 경매

경향미디어

경매를 왜 하는가?

2000년 초반 영화 「반지의 제왕」의 촬영지인 뉴질랜드 여행을 하다가 매료되어 이민까지 생각했던 적이 있다. 그때는 신혼살림을 외국에서 시작하고픈 로망이 있었다. 그러나 현실의 벽에 부딪쳐 평범한 직장생활을 이어나가야만 했다.

당시는 공인중개사 열풍이 불면서 전국의 학원이 문전성시를 이루던 시절이었다. 필자도 노후대비 겸 부동산에 대한 막연한 희망을 갖고 공인중개사 자격증을 취득하였다. 학구열이 넘치던 그때 부동산 경매에 관심이 많아 전문적으로 배울 수 있는 학원을 찾았으나 당시로서는 재테크 관련 분야나 가끔 눈에 띄는 경매 서적이 전부였다.

결국 3개월 후에 복직할 계획으로 다니던 회사를 잠시 휴직하고 경매 컨설팅 회사에 입사하여 실무를 익히다가 지금까지 현업에서 활발한 나날을 보내는 중이다.

필자는 오직 부동산 부자를 꿈꾸며 실무 경험을 쌓고자 시작했던 경매 컨설턴트라는 분야에서 지금껏 이루어 낸 결과에 만족한다. 수많은 부동산 투자자와 상담했던 시간과 성공을 맛보며 이론과 실전, 때로는 예측 불가능한 변수에 부딪치며 어느덧 고수의 길을 가고 있음을 느끼기 때문이다.

이 책은 '부동산 경매를 통해 정말 성공하고 싶은가?' 이런 원초적인 질문에서 시작한다. 중이 제 머리 못 깎는다는 속담이 있듯이 필자 또한 경매 컨설팅을 진행했던 모든 사례에서 성공하지는 못했고 직접 투자한 부동산으로 인해 때로는 골머리를 썩인 적도 있었다. 그럼에도 여전히 경매라는 분야에 몸담고 있는 이유는 그만한 매력과 성취감을 맛볼 수 있기 때문이다.

필자가 항상 마음속에 품고 있는 뉴질랜드에서의 삶을 이루어 내기 위해서는 용기가 뒷받침되어야 하지만 무엇보다 경제적 자유가 수반되어야 한다. 해외여행가를 꿈꾸던 젊은 시절을 뒤로하고 이제는 두 아이의 아빠로서 꿈을 잃어 가는 필자의 얼굴에 곧 웃음꽃이 필 날을 기대해 본다.

법원 경매는 부동산을 가장 저렴하게 취득할 수 있는 효과적인 방법이다. 하지만 실제로 경매를 통해 부동산을 취득하는 사람은 드물다. 경매로 부동산을 매입하는 것은 일반적인 매매의 방식보다 절차가 까다롭고 위험 부담이 있기에 처음부터 시도조차 하지 않는 사람이 많기 때문이다.

대부분의 사람은 경제적인 부분에서는 안전주의여서 경매를 통한 부동산 취득에 대해 부정적인 시선을 가진 경우가 많다. 하지만 투자와 위험이 항상 비례 관계에 있는 것은 아니다. 권리분석과 물건분석 등에서 실수, 즉 위험요소를 적극 제거할 수 있는 노하우가 있다면 누구나 경매로 투자 수익을 극대화할 수 있다.

부동산 법원 경매를 통해 무엇을 얻고자 하는가? 뚜렷한 목적의식 없이 남의 말만 듣고 경매에 입문했다간 낭패를 당하기 쉽다. 경매를 통해 성공하고자 한다면 투자 목적이 명확해야 한다. 목표가 명확해야 기대만큼의 투자 수익이 발생하지 않더라도 손해를 최소화할 수 있다.

부동산 재테크를 경매로 설정하였다면 그만큼 공부도 해야 하고, 실무도 익혀야한다. 절대로 공짜는 없다.

누가 어쩌더라? 뭐라더라? … 다 필요 없는 말이다. 어떤 상황이든 '내'가 판단하고 결정해야 한다. 지금부터 준비해도 부동산 경매로 재테크를 이룰 수 있으니 제대로 배워서 적용해 보자.

부동산 재테크를 할 때는 주거용, 수익형, 투자형 등 투자 대상을 결정하고 이를 취득하기 위해서는 철저한 수익분석이 중요하다. 그러려면 언제나 부동산 시장에 귀 기울여야 하며, 투자 대상 부동산의 지역분석과 개별분석이 반드시 필요하다. 또한 부동산 정책이 어떻게 바뀌는지, 개발 계획은 어떻게 되는지 등에 대해서도 알아야 한다.

부동산 경매를 시작하기 전에 먼저 경매와 관련한 법률 용어, 민사집행법, 민법, 공법, 등기법 등도 알아두어야 한다. 공인중개사 시험공부를 해 본 사람들에겐 낯설지 않겠지만 완전 초보자들에게는 문턱이 높을 수 있다. 그러나 하나하나 퍼즐을 맞추다 보면 최후에는 성공적인 결과를 얻을 수 있을 것이다.

경매로 누구나 돈을 벌 수 있지만 자만해서는 안 된다. 경매 과정의 요소요소에 함정이 있을 수 있으므로 낙찰 후 완전한 소유권을 취득하기까지 종합적인 분석과 실무에 대한 이해가 필요하다. 앞으로 펼쳐질 경매 이론과 실제 사례를 통해 하나하나 단계를 밟아 보길 바란다.

필자는 이 책에서 지난 십수 년간 법원 경매 물건을 직접 투자하거나 컨설팅하면서 익힌 다년간의 노하우를 전수하고자 한다. 일체의 무용담을 배제하고 단기간에 습득할 수 있는 부동산 기초부터 경매 실전 사례에 대한 분석까지 담았다. 실전 경매를 익히려는 독자라면 꼭 알아야 할 것들을 설명하였으니 이 책의 내용을 숙지하고 재테크에 도전하길 당부드린다.

선입견을 버리고 가벼운 마음으로 반복적으로 책을 읽다 보면 어느덧 고수의 길에 접어들 수 있을 것이다. 뚜렷한 동기를 갖고 이 책의 첫 페이지를 여는 것만으로도 당신은 성공할 자격이 있기에 박수를 보낸다. 하지만 책으로만 끝나길 않기 바란다.

앞으로 언급될 주요 내용들이 독자들로 하여금 동기부여를 일으킬 수 있도록 심혈을 기울였으니 반복적으로 정독을 하고 좋은 결과를 이루어 내길 바란다. 경제적 자유를 꿈꾸는 독자들께 후회 없는 선택이 되도록 이 책이 도와줄 것이다.

차례

Part 1 하루 만에 끝내는 경매 기초

Part 2 실전 사례로 배우는 경매 노하우

경매의 장점

1. 부동산 매매 가격에 비해 비교적 저렴한 가격에 매입을 할 수 있어서 시세차익만큼 수익이 발생한다. 입찰 물건에 대한 권리분석과 더불어 정확한 임장활동 등을 통해 기대수익에 다가설 수 있다.

2. 유치권, 법정지상권 등 특수물건은 수익률이 더 높기 때문에 경매 고수들의 연구 대상이 되고 있다.

3. 민사소송법에서 민사집행법(2002.7.1.)으로 변경된 이후 절차가 간단하여 법원 경매의 문턱이 낮아졌다.

4. 법원 경매 물건이 대법원 경매 사이트에 오픈되어 정보 수집이 용이하며 물건의 정보가 정확하다.

5. 다양한 물건이 쏟아져 나오기 때문에 선택이 폭이 넓다. 갈수록 심해지는 경제 불황으로 인하여 개인(자영업자) 및 기업의 파산 등으로 인하여 경매 물건이 많아지고 있다. 부동산 경기가 하락할수록 경매시장은 더욱 뜨거워지는 역전현상이 발생하는 것은 자명한 진리이다.

6. 부동산 매매 시 규제(공법상 제한)가 심한 지역에선 경매 물건이 유리하다. 토지거래 허가구역 내에서 일정한 면적 이상을 취득할 경우 토지거래 허가를 꼭 받아야 하는데 경매를 통하면 자유롭게 취득할 수 있다.

7. 낙찰 후 등기부상 권리가 정리되어 깔끔한 물건이 된다. 경매 물건이 나올 정도면 등기부상 권리관계가 복잡하다. 근저당, 가압류, 가처분 등 각 이해관계인의 권리가 남아 있는데 낙찰 시 말소기준권리 이하는 모두 없어지므로 특별한 경우를 제외하고는 등기부가 깨끗해진다.

경매의 단점

1. 물건에 대한 정확한 권리분석과 더불어 부동산 전반에 대한 이해가 뒷받침되어야 한다. 부동산에 전혀 기초가 없는 일반인이 함부로 접근하기에는 법률 용어를 비롯하여 절차가 쉽게 이해되지 않을 수 있다. 어설픈 권리분석과 현장분석이 오히려 독이 될 수도 있다.

2. 권리분석에서 말소기준권리에 대한 이해와 인수되는 사항에 대한 명확한 판단이 필요하며, 소유권 이전 후 사용 용도에 따른 각종 인허가 및 용도 변경에 대한 사전 준비가 필요하다.

3. 낙찰 후 경락잔금 90%를 일시불로 납입하여야 하기 때문에 자금에 대한 압박이 발생할 수 있다. 매각 대금은 입찰 시 통상 10%의 보증금을 내며 낙찰이 되면 45일 이내에 경락잔금을 일시납해야 한다. 따라서 경매 입찰 시 자금에 대한 준비가 완벽해야 한다. 물론 낙찰 후 경락잔금 대출(물건별, 신용별)이 가능하나 사전에 대출금액 등에 대한 준비가 필요하다.

4. 낙찰 후 소유권 취득에 대한 변동 가능성이 있다. 경매 낙찰 후 매각허가결정(7일), 매각허가확정(7일) 기간 동안 매각 불허가 또는 이해관계인의 즉시항고가 있을 경우 소유권 취득이 늦어질 수 있다. 또한 잔금 납부 전에 채무자의 채무 변제가 이루어지면 경매가 취하되므로 소유권 취득이 물 건너가게 된다.

5. 물건 취득 시 세금에 대한 대책이 필요하다. 경매로 인하여 소유권 취득 시 취득세(등록세 포함), 교육세, 농어촌특별세를 부과하게 되는데 면적별, 가액별로 다르기 때문에 세금에 관한 부분도 꼼꼼히 따져 보고 입찰가격을 산정해야 한다.

6. 인도 및 명도 부분에서 문제가 발생할 수 있다. 경매는 부동산 일반 매매에 비해 인도나 명도를 받기가 쉽지 않기 때문에 입주까지의 시간이 지연될 가능성이 있으므로 경매 입찰 전에 충분한 시간을 갖고 계획을 세워야 한다. 통상 입주 전까지 명도 기간은 2~3개월 정도 걸리며 상황에 따라 변수가 발생할 수 있다.

PART 1

하루 만에 끝내는
경매 기초

왜 부동산 경매인가?

 이 책을 쓰면서 과거를 돌이켜보며 '왜 경매인가?' 자문자답해 보았다. 그 해답은 저렴하다라는 막연한 기대감이었다. 보통의 재화는 정해진 가격이 있지만 부동산은 개별성이 강하고 독보적인 가치가 있기 때문에 재테크 중 가장 주목받는 상품이다.

 자고 일어나면 하루가 멀다 하고 쏟아지는 부동산 정보의 홍수 속에서 법원 경매는 매력적인 투자 방법으로 각광받고 있다. 부동산 경매는 과거와 달리 대중화되었고 그만큼 경쟁도 치열해지고 있다. 경매 초보자로서 처음에 어떻게 접근해야 할지 고민이 되겠지만 크게 다음 3가지가 익숙해질 즈음이면 드디어 경매인으로서 발을 내딛게 될 것이다.

부동산 경매의 접근 방법

권리분석

법원에서 공시한 서류를 토대로 낙찰 후 매수자에게 인수할 부분이나 예측 불가능한 요소가 있는지 조사하는 과정이다. 많은 사람이 권리분석에 대해 두려움을 갖는다. 가장 기본적인 과정이지만 잘못된 판단으로 엄청난 불이익을 가져다 줄 수 있기에 앞으로 이 부분에 대한 대비를 철저히 하여야 한다.

낙찰

법원에서는 경매 물건의 주인공을 단 한 명으로 한정지었다. 마음에 드는 부동산을 선택하고 권리분석을 마쳤다면 현장조사를 해야 한다. 현장조사가 낙찰가를 산정하는 핵심 요소이다. 경매 참여의 주된 목적은 부동산을 평균 가격 이하로 저렴하게 취득하는 것이다. 따라서 잘못된 판단으로 고가에 낙찰받지 않기 위해서는 현 시세 파악이 중요하며 미래가치에 대한 부분을 반드시 고려해야 한다.

명도

일반적인 부동산 취득과 달리 경매에서 낙찰을 받으면 명도라는 과정이 추가된다. 해당 부동산의 점유자는 전 소유자, 임차인, 제3점유자로 분류할 수 있는데 상황에 따라 명도(점유해제) 과정이 어려울 수 있기 때문에 입찰 전에 현장조사를 통해 점유자를 파악하는 것이 중요하다. 이후에 명도 과정에서 어떻게 해결해 나갈 것인가에 대한 해법을 제시할 것이니 잘 따라 오기만 하면 된다.

나에게 맞는 경매 물건을 찾아라

경매 컨설팅을 하다 보면 의뢰인들의 부동산 선호도를 알 수 있다. 아파트를 압도적으로 선호하며 주택, 상가, 건물, 토지, 공장 순이다. 주로 실거주 목적으로 주택을 찾으며 환가성과 개발호재에 따른 안정감 있는 투자 상품으로 아파트가 각광을 받고 있다. 하지만 경쟁자를 물리치고 낙찰받기란 쉽지 않은 실정이다.

비주거용 부동산의 경우에는 대부분 투자에 대한 냉철한 분석이 필요하므로 경매 입문자들이 어려워하는 상황이다. 안전하지만 고가낙찰을 피할 수 없는 주택이냐? 불완전하지만 투자 가치가 높아 이익이 많은 비주택이냐? 2가지 중 어느 것을 선택해야 하냐고 묻는다면 한마디로 답변할 수 있다! 개인의 상황에 따라 모든 종류의 부동산을 취득해야 한다고 말이다.

부동산은 개별성이 강하지만 시대의 흐름을 잘 파악한다면 어느 것 하나 빼놓을 수 없는 것이 경매의 매력이라 할 수 있다. 그럼 종류별 부동산을 취득할 때 숙지해야 할 내용을 알아보도록 하자.

주택

주택의 가치에는 시시각각 달라지는 부동산 정책이 반영된다. 미래가치를 고려해야만 낙찰 후 만족하는 결과를 얻을 수 있다. 그러려면 현장조사를 정확히 하여 입찰가격을 산정해야 한다. 만일 재건축 및 재개발 대상이거나 장래에 개발이 예상되는 지역의 주택이라면 현재가치보다 미래가치가 높겠지만, 개발에 따른 프리미엄이 반영된 부동산을 취득하게 된다면 투자 가치로서의 이익이 미비하기에 신중하게 선택해야 한다. 일반적으로 주택을 취득하기 전에 다음 사항을 고려한다면 많은 도움이 될 것이다.

① 안정성 - 수해, 풍수, 설해, 해일, 화재, 공해, 가스 사고, 지반 붕괴, 옹벽 석축 붕괴, 교통 재해, 건물 안정성 등을 살펴봐야 한다. 가장 먼저 고려해야 할 사항이다.

② 쾌적성 - 공지 확보, 주변의 건축 밀도, 공원 접근성, 녹지면적, 오락 위락시설, 시계, 오염도 등을 살펴봐야 한다. 삶의 질을 결정하는 중요한 지표가 된다.

③ 편의성 - 주택 내부 시설, 주차 공간 등과 직장, 학교, 버스 정류장, 구청 등 공공시설, 역, 터미널, 시장과의 거리 등을 살펴봐야 한다. 공공도로, 진입도로 통행, 도로 진입, 교외 진출 여부 등도 확인해야 한다. 양질의 삶을 도모하기 위한 사항이다.

④ 보건성 - 방한성, 방열성, 차음 및 흡음, 통풍성, 일조, 채광, 차광, 청결, 소음, 지형 및 지질, 수맥 등을 살펴봐야 한다. 주택과 건강은 불가분적 관계이기 때문이다.

⑤ 경제성 - 지가, 건물가, 건폐율, 용적률, 조세 부담, 유지관리비, 보수관리비, 도로 상태, 환금성 등을 살펴봐야 한다. 주택 취득 시 비용과 처분 시의 수익 구조를 분석하기 위해서이다.

⑥ 내구성 - 사용 검사일, 주택의 연수, 주요 구조부의 연한, 설비기기의 연한, 방수 시설, 방부 시설, 방충 시설, 주택의 재건축 여부 등을 살펴봐야 한다. 주택의 가치는 시간이 경과하면 감소하므로 노후한 건물일수록 정확한 파악이 필요하다.

⑦ 미관성 - 정원, 건축면적, 주택의장, 주택 디자인, 주택 소재, 주택 색채, 주변 경관 조화 등 주택의 소재 및 색채 등을 고려하여야 한다.

상가

소액으로 투자할 수 있는 부동산으로는 단연 상가를 꼽을 수 있다. 그 이유는 무엇일까? 바로 임대수익을 기대할 수 있어서이다. 경매 물건 중 구분상가의 경우 참 애매한 점이 많은데 매매시장에서조차 관심을 받지 못하는 매물이 경매시장에 나오기 때문이다. 상가에 대해 관심을 꾸준히 갖고 있다 보면 흙 속에서 진주를 발견할 수 있으므로 상가 투자는 결코 포기할 수 없는 분야이다. 상가는 낙찰 후 수리비용, 명도비용(점유자와의 이사 협상비 또는 강제집행비용), 임차인이 주장하는 권리금 문제를 고려해야 한다. 또한 배후상권을 잘 파악해야 공실에 따른 손실을 최소화할 수 있다.

건물(빌딩)

누구나 건물주를 꿈꾼다. 안정된 임대수익만큼 달콤한 것은 없다. 그러나 눈에 보이는 것이 전부가 아닐 수 있는 부동산이 바로 건물이다. 건물은 간단한 수리비용, 리모델링 비용, 관리비용, 건물 감가율 등을 고려하여야 한다. 건축년도, 노후성, 편의성, 안전성 등을 면밀히 파악하는 과정에 리모델링을 계획한다면 건물 구조 변경 가능 여부도 사전에 파악해야 한다.

토지

경매 투자에서 토지는 공부해야 할 것이 가장 많은 부동산이다. 주로 건축을 목적으로 취득하는 경우가 많기 때문에 다음과 같은 여러 가지 사항을 꼼꼼히 조사해야 할 필요성이 있다. 토지라는 분야는 투자자에게 호불호가 나뉘지만 가장 큰 이익을 남길 수 있는 매력적인 부동산이라는 것은 누구도 반박할 수 없다.

① 토지의 용도 분석 – 토지의 용도는 토지 가격에 결정적 역할을 한다.

② 토지의 입지 분석 – 대체적으로 토지의 가치는 도로와 밀접하게 연관되어 있으므로 도로를 기준으로 토지의 입지를 살펴봐야 한다.

③ 건물의 축조 시 건폐율, 용적률, 최소면적 등 분석 – 건폐율, 용적률이 높을수록 토지이용률이 높기 때문에 토지 가격 또한 높다.

④ 토지와 도로 분석 – 도로와 접하고 있지 않은 토지를 맹지라 하는데 통행이

불편할 뿐만 아니라 건축행위에 제한을 받는다.

⑤ 토지의 지형 등 분석 – 토지의 형태와 정황은 토지 가격에 큰 영향을 끼친다.

⑥ 토지에 정착물의 존부 분석 – 토지 범위와 정착물, 독립된 정착물의 평가 여부, 평가 외(제시외) 정착물의 분석, 토지 소유자와 정착물의 소유자 관계를 살펴봐야 한다.

⑦ 토지의 개량비용에 대한 분석 – 농지 전용, 임야 전용 등으로 형질 변경할 경우의 비용을 계산해 봐야 한다.

공장

공장 경매는 유찰률이 높아 실수요자의 입찰이 주류를 이룬다. 유찰률이 높다는 것은 그만큼 대중적이지 못하고 쉽게 접근할 수 없는 분야라는 뜻이다. 예를 들어 공장을 취득한 후 다른 용도로 허가를 받으려면 복잡한 행정 절차를 거쳐야 하며 매각에 포함되지 않은 기계기구의 경우 명도 과정이 쉽지 않다. 요즘에는 이러한 어려움을 뒤로하고 임대를 통해 고수익을 누릴 수 있는 아파트형 공장(지식산업센터)이 각광 받고 있으며 어렵게만 느껴졌던 공장 경매에 대한 인식이 바뀌면서 하나의 투자상품으로 자리매김되고 있다.

경매 참여 시 주의사항

큰마음 먹고 경매 분야에 도전했다가 어이없는 실수로 재산 증식은커녕 손실을 보는 경우를 종종 보곤 한다. 그 이유는 경매지식이 부족해서가 아니라 부동산 가치분석을 제대로 하지 않았기 때문이다. 경매 투자를 할 때는 급한 마음과 자만심을 버려야만 원하는 결과를 얻을 수 있음을 명심하면서 다음 항목들을 숙지하길 바란다.

자금 계획을 넉넉히 세워라

경매는 일반적인 매매 거래와 달리 잔금기일이 정해져 있다. 입찰 시 10~20%의 보증금을 납부하고 낙찰 후 45일 이내에 잔금을 납부해야 한다. 따라서 본인의 자금 사정 및 대출 가능 여부 등을 사전에 충분히 검토한 후에 입찰 여부를 결정해야 한다. 실무에서는 정확한 자금 계획 없이 무작정 낙찰을 받고서는 잔금을 납부하지 못하는 사례를 자주 볼 수 있다. 요즘처럼 대출규제가 강화된 시점에서는 더욱 더 세심하게 주의를 기울여야 한다.

경매 절차는 변수가 많으니 끝까지 긴장하라

경매는 진행 중에 변경, 정지 등으로 입찰이 지연되는 경우가 있으며 낙찰을 받고도 잔금 납부 전에 취하가 되거나 배당일에 소가 제기되어 명도 과정에서 어려움이 발생할 수 있다. 따라서 경매 물건을 선택할 때는 대안 부동산에 대해서도 눈여겨볼 필요가 있다.

권리분석을 꼼꼼히 하라

부동산 경매의 시작은 복잡한 권리관계의 해석을 필요로 한다. 매각물건명세서, 등기사항증명서, 건축물대장 등을 분석하여 낙찰 이후에 소멸되지 않고 인수해야 할 사항을 파악해야 한다. 이 책에서 10분 안에 권리분석을 하는 방법을 전수할 예정이니 끝까지 정독하길 바란다.

현장조사(임장활동) 과정에 정답이 있다

경매로 수익을 얻으려면 손품과 발품은 필수다. 부동산은 현장답사를 하지 않고서는 진정한 가치를 판단할 수 없다. 또한 현장을 방문하기 전에 권리분석 시 확인했던 내용이 일치하는지를 파악할 필요가 있다. 확인해야 하는 핵심 내용은 부동산 내외부 점검, 점유자 일치 여부, 시세 등이다.

시세를 정확하게 파악하라

경매 물건의 감정가격은 법원의 명령에 따라 감정평가기관에서 산정한 금액이다. 물론 공신력 있는 평가금액을 산정한 만큼 신뢰성은 있지만 법원감정가를 맹신하면 안 된다. 경매 물건의 속성상 감정 평가 시점과 현재 평가 시점에서 가격 차이가 발생할 수 있으므로 정확한 시세 파악이 중요하다.

명도에 대한 대책을 마련하라

일반적으로 경매라고 하면 명도의 어려움 때문에 스트레스를 받는 경우가 많다. 낙찰 후 잔금을 지불하고 소유권을 취득하더라도 점유자로부터 현관 열쇠를 넘겨받아야만 완벽한 소유권을 행사할 수 있다. 명도 과정에서 부득이 강제집행 절차가 밟아야 한다면 법적 비용이 발생하고 점유자와 마찰을 초래할 수 있기 때문에 당사자 간 대화와 협의가 최우선이다. 따라서 입찰 전에 점유자 파악을 정확히 해야만 입주 계획을 예측할 수 있다.

사소한 실수는 공든 탑을 무너뜨린다

입찰 당일 법정을 방문해 보면 입찰 서류의 미비, 기일입찰표 오표기, 입찰보증금 부족 등으로 인하여 낙찰을 받고도 무효가 되는 경우를 자주 볼 수 있다. 이러한 실수로 인해 입찰보증금을 몰수당하는 경우도 있기 때문에 입찰 당일 늦지 않게 법원에 방문하여 집행관의 안내를 주의 깊게 듣고 응찰하기 바란다. 또한 현장 분위기에 휩쓸려서 계획했던 입찰가를 변경한다면 득보다 실이 많으니 소신을 잃어서는 안 된다.

특수물건은 조심 또 조심하라

경매 물건 중에 기존의 낙찰자가 잔금을 납부하지 않아 재매각하는 물건이 종종 있다. 낙찰자가 법원에 제출한 보증금을 포기하는 이유는 권리분석 및 시세분석의 오류, 잔금 대출의 제한, 명도협상 실패 등 여러 가지가 있다. 이러한 사례는 대부분 법정지상권, 유치권, 예고등기 등이 신고된 물건을 입찰하는 경우에 발생하는 만큼 높은 전문성을 필요로 한다. 특수물건은 고수익을 가져올 수 있지만 그만큼 위험도 크다. 따라서 막연한 기대감으로 시도했다가 일을 그르쳐 평생 후회하는 상황이 발생할 수 있다.

10분 만에 습득하는 경매 용어

경매 투자를 하기 위해서 최소한 알아야 할 용어가 있다. 단 10분만 집중하면 신세계가 열리니 이제부터 마음을 단단히 먹고 익히길 바란다.

사건번호

경매에 응찰하고자 하는 물건을 특정하는 것이다. 타경은 부동산 경매사건의 부호이다. 예를 들어 2019타경1234는 2019년에 나온 1234번째 사건이라는 뜻이다.

물건번호

1개의 사건번호에서 2개 이상의 개별 물건을 진행하는 경우에 각 개별 물건을 지칭하는 번호를 말한다. 예를 들어 2017타경1234(3)과 같이 표시한다. 입찰 사건 목록 또는 입찰공고에 물건번호가 기재되어 있는 경우에는 입찰표에 사건번호 외에 응찰하고자 하는 물건의 번호를 반드시 기재해야 한다.

물건종별

물건의 종류를 말한다. 크게 주거용, 상업용, 토지, 기타로 분류된다.

대지권

건물의 구분 소유자가 전유 부분을 소유하기 위하여 건물의 대지에 대한 권리를 말한다. 대지권은 해당되는 건물의 전유 부분과 절대로 분리하여 처분될 수 없다.

건물면적

통상 공경매에서 진행하는 면적은 건축물대장에 기재되어 있는 전용면적으로 표시된다.

매각물건

매각하는 물건의 종류를 말한다. 예를 들어 '토지 및 건물 일괄매각'의 경우는 토지와 건물 전체를 경매하는 것을 뜻한다.

매각기일

경매법원이 목적 부동산에 대하여 경매를 실행하는 날로 입찰시각, 입찰장소 등과 함께 매각기일 14일 이전에 일간신문에 공고한다.

제시외 물건

공부에 나타나지 않는 물건, 즉 공부 외적인 물건을 말한다.

보증금

최저 매각 가격의 10%이며 입찰 시 기일 입찰표와 함께 제출하여야 한다. 최저 매각 가격은 유찰할 때마다 20~30% 저감된다.

입찰표

입찰에 참가하기 위해 작성하는 표이다. 입찰기일에 입찰법정에서 배부한다. 입찰에 참가하고자 하는 사람은 먼저 입찰표를 배부받아 입찰표에 사건번호, 물건번호, 입찰자의 성명, 주소, 입찰가액 등을 기재하고 날인해야 한다.

경매개시결정

경매 신청의 요건이 구비되었다고 판단되면 집행법원은 경매 절차를 개시한다는 결정을 하는데, 이것이 경매개시결정이다. 이때 집행법원은 직권 또는 이해관계인의 신청에 따라, 부동산에 대한 침해 행위를 방지하기 위하여 필요한 조치를 할 수 있다. 이와 동시에 집행법원은 그 부동산의 압류를 명하고, 직권으로 그 사유를 등기부에 기입할 것을 등기관에게 촉탁한다.

권리신고

배당요구와 달리 권리자(이해관계인)가 집행법원에 그 권리를 신고하고 증명하는 것을 말한다. 권리신고를 통해 이해관계인이 되지만 권리신고를 한 것만으로는 배당을 당연히 받게 되는 것이 아니며 별도로 배당요구를 하여야 한다.

배당종기일

집행법원은 경매개시결정에 따른 압류의 효력이 생긴 때부터 1주일 내에 절차에 필요한 기간을 감안하여 배당요구할 수 있는 종기를 첫 매각기일 이전으로 정한다. 제3자에게 대항할 수 있는 물권 또는 채권을 등기부에 등재하지 아니한 채권자(임차인 등)는 반드시 배당요구의 종기일까지 배당요구를 하여야 배당을 받을 수 있다.

대금지급기한

민사집행법이 적용되는 사건에 대하여 매각허가결정이 확정되면 법원은 대금의 지급기한을 정하고, 이를 매수인과 차순위 매수신고인에게 통지하여야 하며, 매수인은 이 대금지급기한까지 매각대금을 지급하여야 한다.

경매신청취하

경매신청인은 경매 부동산에 대하여 경매 신청 후 경매기일에서 적법한 매수의 신고가 있기까지는 임의로 경매 신청을 취하할 수 있다. 다만 매수신고가 있은 후에 경매 신청을 취하하려면 최고가매수신고인과 차순위매수신고인의 동의가 필요하다.

말소기준권리

등기가 말소되는 데 기준이 되는 권리 표시를 말한다. 저당권, 근저당권, 압류, 가압류, 담보가등기, 경매신청등기, 전세권(전부) 가운데 시간적으로 가장 앞선 권리를 말하는 것으로 소제(소멸)와 인수의 기준이 된다. 따라서 말소기준권리 뒤에 오는 제반 권리는 배당 유무에 관계없이 모두 말소된다.

대항력

주택임차인이 임차주택을 인도받고 주민등록까지 마치면 그 다음날부터 그 주택의 소유자가 제3자로 변경되더라도 그 제3자에 대하여 임차권을 가지고서 대항할 수 있게 된다. 이와 같이 대항할 수 있는 힘을 주택임차인의 대항력이라고 부른다. 즉 임차보증금 전액을 반환받을 때까지 주택임차인이 새로운 매수인에 대하여 집을 비워 줄 필요가 없다는 것을 의미한다.

명도

명도는 법원 경매에서 자주 쓰이는 말로 주거인을 퇴거시키고 그 안의 동산을 철거한 뒤에 인도하는 것이다.

부동산 인도명령

매수인은 낙찰대금 전액을 납부한 후에는 채무자에 대하여 직접 자기에게 낙찰 부동산을 인도할 것을 요구할 수 있다. 하지만 채무자가 임의로 인도하지 아니하는 때에는 대금을 완납한 매수인은 대금을 납부한 후 6개월 내에 집행법원에 대하여 집행관으로 하여금 낙찰 부동산을 강제로 낙찰인에게 인도하게 하는 내용의 인도명령을 신청하여 그 명령의 집행에 기하여 부동산을 인도받을 수 있다.

점유이전금지 가처분

소송 등의 목적이 되는 물건에 대하여 권리관계 등을 현 상태로 보전하기 위해 법원에 의뢰하는 행위를 말한다. 경매 낙찰 이후 매수인이 인도명령이나 명도소송 시에 해당 부동산의 점유자가 무단으로 변경되면 인도명령, 명도소송 당사자가 바뀌게 되어 진행 절차가 지연되게 된다. 따라서 점유자 변경에 대비하여 강제집행

대상자를 확정시키기 위한 것이다.

강제경매

채무자 소유의 부동산을 압류, 환가하여 그 매각대금을 가지고 채권자의 금전채권의 만족을 얻음을 목적으로 하는 강제집행 절차 중의 하나이다.

임의경매

법원 경매는 금전채권의 만족을 위해 채권자가 법원에 신청하여 법원이 부동산을 강제적으로 매각하는 것이다. 법원 경매에는 임의경매와 강제경매가 있는데, 이 중 임의경매는 담보권 실행을 위한 경매를 말한다. 즉 저당권 등의 담보물권자가 법원에 경매를 신청하는 것이다.

형식적 경매

통상적인 채무 관계에 의한 경매가 아닌 부동산의 가격 보존이나 정리를 위한 경매이다. 즉 부동산의 현금화를 위한 경매이다. 형식적 경매는 공유물 분할을 위한 경매와 청산을 위한 경매가 주를 이룬다.

재경매

매수신고인이 생겨서 낙찰허가결정의 확정 후 집행법원이 지정한 대금지급기일에 매수인(차순위 매수신고인이 경락 허가를 받은 경우 포함)이 낙찰대금지급의무를 완전히 이행하지 아니하고 차순위매수신고인이 없는 경우에 법원이 직권으로 실시하는 경매이다.

차순위매수신고인

최고가 매수신고인 이외의 입찰자 중 최고가 매수신고액에서 보증금을 공제한 액수보다 높은 가격으로 응찰한 사람은 차순위 매수신고를 할 수 있다. 차순위 매수신고를 하게 되면 매수인은 매각대금을 납부하기 전까지는 보증금을 반환받지 못한다.

그 대신 최고가 매수신고인에 국한된 사유로 그에 대한 매각이 불허되거나 매각이 허가되더라도 그가 매각대금 지급의무를 이행하지 아니할 경우 다시 매각을 실시하지 않고 집행법원으로부터 매각 허부의 결정을 받을 수 있다.

지분 경매

부동산은 통상 1인이 소유하나 공동으로 소유하는 경우를 공동 소유라 하고, 공동 소유에서 공유자의 몫을 지분이라 한다. 이러한 지분이 경매 사건으로 진행되는 경우 지분 경매라 한다.

우선매수권

공유물 지분의 경매에서 채무자가 아닌 다른 공유자는 매각기일까지 최저매각가격의 10분의 1에 해당하는 금원을 보증으로 제공하고 최고매수신고가격과 같은 가격으로 채무자의 지분을 우선매수하겠다는 신고를 할 수 있다. 이러한 다른 공유자의 권리를 우선매수권이라고 한다. 이 경우에 법원은 다른 사람의 최고가매수신고가 있더라도 우선매수를 신고한 공유자에게 매각을 허가하여야 한다. 이때 최고가매수신고인은 원할 경우 차순위매수신고인의 지위를 부여받을 수 있다.

위반건축물

법원 공고나 건축물대장상 위반건축물 상태에서 준공검사를 마치고, 관할 관청의 허가 없이 건축허가 때의 면적과 다르게 임의로 추가 시설물을 설치함으로써 발생한다. 준공검사가 끝나도 일정 기간이 지난 후 다시 실사를 하거나 주위의 제보로 조사하여 등재하기도 한다.

임차권등기

임대차가 종료된 후 보증금을 반환받지 못한 임차인이 임차주택 또는 임차건물의 소재지를 관할하는 법원에 임대차등기명령 제도를 통하여 기재한 등기를 말한다.

가등기

가등기에는 담보가등기와 보전가등기가 있다. 담보가등기는 법률에 의해 저당권으로 본다. 보전가등기는 부동산 매매 관계에서 대금 완납 후 소유권 이전 전까지 제3자에게 매매를 하지 못하게 하는 등기로서 소유권이전청구권등기와 같은 말이다. 등기부의 형식으로는 담보가등기인지 보전가등기인지 알 수 없다. 담보가등기인지 보전가등기인지 불확실한데 말소기준권리 앞에 있는 경우 입찰하면 안 된다.

선순위가등기

말소의 기준이 되는 권리보다 앞에 있는 권리를 선순위가등기라 한다. 본등기를 하기 위하여 실체법상 또는 절차법상의 요건이 갖추어지지 않은 경우, 장래에 요건이 구비됐을 때 행해질 본등기를 위하여 미리 그 순위를 확보하기 위하여 행하는 등기이다.

선순위 가처분

금전채권 이외의 청구권에 대한 장래의 집행을 보전하기 위하여, 또는 다투고 있는 권리관계에 대해 임시적인 지위를 정하기 위하여 가처분을 하고자 하는 자의 신청에 의해 법원이 행하는 일시적인 명령을 말한다. 말소의 기준이 되는 권리보다 앞에 있는 권리를 선순위 가처분이라 한다.

예고등기

등기의 무효 또는 취소로 인한 등기의 말소 또는 회복의 소가 제기된 경우에 이것을 제3자에게 경고하기 위하여 직권으로 행하게 되는 등기이다. 매각으로 소멸하지 않는다.

대지권미등기

지적정리 지연 등으로 대지권을 등기하지 못한 상태에서 경매가 진행될 경우(건물 등기부상에 대지권을 등기하지 아니한 상태)를 말한다.

토지별도등기

아파트 등 집합건물 중 구분건물(예, 아파트)의 대지권에 대해서 대지권 등기설정 이전에 이미 구분건물(아파트) 전체부지(아파트 단지)의 토지에 저당권 등이 설정된 경우가 있는데, 이러한 경우 통상 건물 등기부상에는 '토지 별도등기 있음'이라고 표시한다. 그러므로 집합건물 등기와 토지등기를 반드시 확인해야 한다.

유치권신고된 물건

유치권이 있는 경매 부동산은 낙찰자가 유치권을 그대로 인수해야 하기 때문에 주의가 요구된다. 유치권자는 채무의 변제가 있을 때까지 부동산에 대해 막강한 권리를 행사할 수 있다. 따라서 유치권이 있는 물건의 경우 유치권 설정액 등을 정확히 알고 경매에 임해야 한다. 단, 허위 유치권의 경우 위의 사항이 배제되기 때문에 입찰 전에 판별이 매우 중요하다.

법정지상권 물건

저당물의 경매로 인하여 그 토지와 건물이 각각 다른 소유자에게 속한 경우 토지 소유자는 건물 소유자에 대하여 지상권을 설정한 것으로 본다(민법 제366조).

분묘기지권 물건

관례상 인정되는 법정지상권의 일종으로 타인의 토지 위에 있는 분묘기지라도 마음대로 사용하거나 훼손할 수 없는, 지상권과 유사한 일종의 물권을 말한다. 따라서 부동산을 취득하기 전에 분묘기지권 성립 여지를 확인해야 한다. 대체로 임야를 취득하는 경우에는 각별한 주의가 필요하다.

경매 절차를
무시하면
큰코다친다

    법원 경매는 민사집행법에 의한 절차법이다. 대부분의 경매 참여자가 입찰 전 절차에 대해 제대로 알지 못해 입찰 당일에 당황하는 경우가 많다. 그렇기 때문에 실전에서는 경매 절차에 대한 질문이 가장 많다. 사실상 경매에 참여해서 소유권 이전까지 경험해 보면 큰 어려움이 없다. 하지만 절차법을 소홀히 했다가는 정당한 권리주장 및 명도 과정에서 어려움이 발생할 수 있으니 흐름 정도는 파악해 두는 것이 좋다.

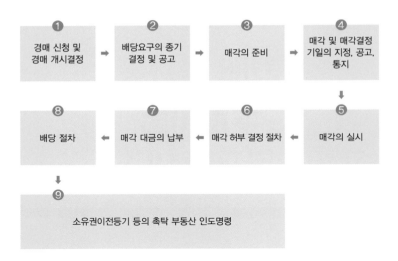

낙찰 후 경매 진행 절차

매각기일	낙찰	
↓ 7일	- →	대출확인(신청)
매각결정기일	허가, 불허가 결정	
↓ 7일		
매각확정기일	이해관계인 항고 기간	
↓ 2~4일		
대금 납부기일 결정	대금 납부 통지서 발송	
↓ 20~30일	- →	대출자서(승인)
대금 납부기한	대금(잔금) 완납	
↓ 즉시		
소유권 이전 등기 촉탁 신청 + 인도명령 신청		
↓	- →	약 1~3개월 소요 (특수물건 제외)
명도	물건 인도 종결 (잔금 납부 시기에 따라 일정은 변경될 수 있습니다.)	

압류 절차 – 경매 신청 방법

1) 경매 신청 및 경매개시결정

① 채권자의 경매 신청

② 법원의 경매 개시 결정과 목적 부동산 압류 결정

③ 관할등기소에 경매 개시 결정의 기입등기를 촉탁

④ 등기관이 등기부에 기입등기

⑤ 경매 개시 결정 정본은 채무자에게 송달한다.

2) 배당요구의 종기 일정 및 공고

-배당요구의 종기는 경매 개시 결정에 따른 압류의 효력이 생긴 때(등기부에 경매기입등기가 된 때)부터 1주일 내에 결정하되 종기는 첫 매각기일 이전의 날로 정한다.

-법원이 정한 배당요구의 종기까지만 배당요구를 할 수 있다.

3) 매각의 준비

환가의 준비 절차로서 집행관이 부동산의 현상(점유관계, 보증금의 액수, 기타 현황)에 관하여 조사하고 감정인이 부동산을 평가하여 법원이 그 평가액을 참작하여 최저매각가격을 정한다.

현금화 절차 – 낙찰가격 확정

4) 매각 방법 : 매각 및 매각결정기일의 지정·공고·통지

입찰 방법(기일입찰 방법)과 매각기일 등을 지정·통지·공고한다.

5) 매각의 실시

-집행관이 지정된 기일에 경매법정에서 매각을 실시하여 최고가매수신고 및 차순위매수신고인을 정한다.

-매수인이 없는 경우에는 법원은 최저매각가격을 저감(통상 20~30%)하고 매각기일을 정하여 다시 새로운 매각을 실시한다.(보통 1개월 후에 기일이 지정된다.)

6) 매각 결정 절차

-법원은 매각결정기일에 이해관계인의 의견을 들은 후 매각 허부의 결정을 한다.

-매각 허부의 결정에 대하여 이해관계인은 즉시 항고할 수 있다.

7) 매각대금의 납부

-매각허가결정이 확정되면 법원은 대금지급기한을 정하여 매수인에게 매각대금의 납부를 명한다. 매수인은 정해진 기간 내에 언제든지 대금을 납부할 수 있다.

-매수인이 지정한 기일까지 대금을 완납하지 아니했을 때 차순위매수신고인이 있는 경우에는 그에 대해 매각의 허부를 결정하고, 차순위매수신고인이 없는 경우에는 재매각을 실시한다.(재매각 시 입찰보증금은 최저가의 20%이다.)

8) 소유권이전등기 촉탁 부동산 인도명령

-매수인은 대금완납 후 인도명령을 신청할 수 있다.

-매수인이 대금을 완납하면 부동산의 소유권을 취득하므로 집행법원은 매수인이 소유권 이전 촉탁 신청을 하면 매수인을 위하여 소유권 이전등기, 매수인이 인수하지 아니하는 부동산상의 부담 말소등기를 등기관에 촉탁한다.

변제 절차 – 배당기일

9) 배당 절차

매수인이 매각대금을 완납하면 법원은 배당기일을 정하여 이해관계인과 배당을 요구한 채권자에게 통지하여 배당을 실시한다. 법원 경매는 매각대금에서 배당순위에 의한 배당원칙이 있다. 대부분 매각대금이 적은 금액이므로 모든 채권자의 공평성을 위해 집행 법원은 법률에 따라 우선순위로 배당을 하게 된다.

경매 물건 해석,
이것이 핵심이다

경매 물건은 어디서 찾아야 할까?

경매 물건 정보는 통상적으로 법원 경매 정보 사이트 www.courtauction.go.kr를 통해서 찾는다. 경매에 대한 관심도가 높아지면서 유료 경매정보 사이트에 가입하기도 하지만 저자가 운영하는 http://today77.com 및 '오늘의경매' 앱을 다운받아 스마트폰에서도 언제나 물건 정보를 열람할 수 있다. 무료로 제공되는 서비스인 만큼 많은 도움이 되길 바라며 궁금한 사항은 경매상담 신청을 하면 된다.

매각물건명세서 – 권리분석의 기준 문서

매각물건명세서

권리분석은 부동산 등기사항증명서(등기부등본)로 시작해서 매각물건명세서로 마무리된다. 경매 관할법원은 해당 부동산의 표시, 부동산의 점유자와 점유의 권원, 점유할 수 있는 기간, 차임 또는 보증금에 관한 관계인의 진술, 등기된 부동산에 관한 권리 또는 가처분으로서 매각으로 효력을 잃지 아니하는 것, 매각에 따라 설정된 것으로 보게 되는 지상권의 개요 등을 기재한 매각물건명세서를 작성한다. 이를 매각기일의 1주일 전까지 법원에 비치하여 누구든지 볼 수 있도록 한다.

　만약 법원 담당 경매계에서 작성한 매각물건명세서가 잘못 작성되었다면, 매수인은 민사집행법 제127조 1항(매각허가에 대한 이의신청사유)에 의거하여 대금을 낼 때까지 매각허가결정의 취소 신청을 할 수 있다. 해당 경매법원에서는 '불허가나 매각허가결정에 대한 취소'를 통해 책임을 진다.

감정평가서 - 부동산의 가치 평가 문서

　집행법원은 감정인으로 하여금 부동산을 평가하게 하고 그 평가액을 참작하여 최저매각가격을 정한다. 감정평가서에는 감정가격의 결정을 뒷받침하고 응찰자의 이해를 도울 수 있도록 감정가격을 산출한 근거를 밝히고 평가요항, 위치도, 지적도, 사진 등을 첨부하여야 한다. 감정평가서는 매각기일 1주일 전부터 매각물건명세서에 첨부하여 일반인이 열람할 수 있도록 비치하게 되어 있다.

　감정평가금액은 공신력 있는 평가금액을 산정한 만큼 신뢰성은 있지만 법원감정가를 맹신하면 안 된다. 경매 물건 속성상 감정평가 시점과 현재 평가 시점에서 가격 차이가 발생할 수 있으므로 개별적으로 정확한 시세를 파악해야 한다.

감 정 평 가 서

APPRAISAL REPORT

건 명:	████ █ █ 소유물 (2017타경3652 부동산임의경매)
의뢰인:	대전지방법원 홍성지원 사법보좌관 █ █ █
감정평가서 번호	대한 제170710-15-██호

이 감정평가서는 감정평가 의뢰목적 이외의 목적에 사용하거나 타인(의뢰인 또는 담보감정평가 시 확인은행이 아닌 자)이 사용할 수 없을 뿐 아니라 복사, 개작, 전재할 수 없으며 이로 인한 결과에 대하여 감정평가업자는 책임을 지지 않습니다.

(주)█████감정평가법인
KOREA APPRAISAL CO., LTD.

감정평가서

현황조사서 – 경매 물건의 현장 답사 내용

현황조사서

법원	안동지원	명령회차	1 ▼ 회	중복병합사건	2017타경3652 (모사건) ▼

기본정보
- **사건번호** : 2017타경3652 부동산임의경매
- **조사일시** : 2017년12월05일

부동산 임대차 정보

번호	소재지	임대차관계
1		0명

전경도 2건 (사진보기 🖷)

부동산의 현황 및 점유관계 조사서

1. 부동산의 점유관계

소재지	1. 경상북도 안동시
점유관계	채무자(소유자)점유
기타	

현황조사서

현황조사보고서에는 아래와 같은 내용이 기재된다.

-기본 정보 : 사건번호, 조사일시, 건물소재지와 임차인수

-현황 및 점유관계조사서 : 실제 거주자 정보를 담는다. 거주자가 불분명할 경우 미상으로 표기한다.

-임대차관계조사서 : 점유인, 점유기간, 전입일자, 확정일자 등

법원은 경매 개시 결정을 한 후 지체 없이 집행관에게 부동산의 현상, 점유관계, 차임 또는 임대차보증금의 수액, 기타 현황에 관하여 조사할 것을 명한다. 현황조사보고는 집행관이 그 조사내용을 집행법원에 보고하기 위하여 작성한 문서이다.

경매 입찰 전에 책상에서 미리 확인하는 서류 중 현황조사보고서는 점유관계를 짐작할 수 있는 지표가 되기 때문에 현장조사를 할 때 보고서 내용이 일치하는지를 확인하여야 한다.

경매 물건은 법원에서 공시하는 서류를 토대로 입찰 여부를 가늠할 수 있으므로 매각물건명세서, 감정평가서, 현황조사서는 꼼꼼히 살펴보고 파악해야 한다. 경매 참여 경험이 많은 고수의 경우 위 3가지 서류만으로도 전반적인 윤곽을 그릴 수 있다.

오랜 경험자로서 다시 한 번 얘기하자면, 경매는 자만심을 버리고 많은 경험과 꾸준한 관심을 가진다면 좋은 결과를 얻을 수 있다.

부동산을 몰라도 알아야 할 상식

경매를 배우려면 앞서 언급한 공적장부 이외에도 기본적으로 숙지해야 하는 부동산 관련 문서가 있다. 대표적인 문서가 등기사항증명서, 건축물대장, 토지이용계획확인서이다. 이 3가지는 부동산 거래 시 필수 정보이므로 반드시 숙지해야 한다.

부동산 등기사항증명서는 등기부의 내용을 등사한 문서이다. 수수료를 납부하면 누구라도 등기부의 교부를 청구할 수 있다. 전부를 등사한 것이 등본이고, 일부를 등사한 것이 초본인데 모두 등기 내용에 상위없음이 증명된다. 법원 인터넷등기소 www.iros.go.kr에서 확인할 수 있다.

등기사항증명서를 열람하거나 발급받을 때에는 말소사항 포함 선택을 통해 과거 등기이력을 확인할 수 있고 현재 유효사항만 선택할 수도 있다. 집합건축물(공동주택)은 등기사항증명서 하나로 대지 지분을 포함하여 소유권과 소유권 이외의 권리관계를 확인할 수 있다.

현 등기제도는 이원화되어 토지와 건물이 분리되어 있기 때문에 집합건축물이 아닌 일반건축물의 등기사항증명서를 확인하려면 토지와 건물을 각각 확인하여야

한다. 현행 국내 부동산 등기사항증명서는 공신력을 인정하지 않고 공시만 하기 때문에 부동산 거래를 할 때 각별한 주의가 필요하다.

부동산 등기사항증명서 – 부동산의 필수 문서

표제부

토지 건물의 지번(주소), 지목, 면적, 용도 등이 적혀 있다. 집합건물의 경우는 표제부가 2장이다. 첫째 장은 건물의 전체면적이, 둘째 장에는 건물의 호수와 대지지분이 나와 있다.

갑구

부동산등기법에 의하면 등기부는 그 용지를 등기번호부, 표제부와 갑·을의 2구로 나눈다. 표제부에는 표시란, 표시번호란을 두고 각 구에는 사항란, 순위번호란을 둔다. 그중 갑구는 대상부동산의 소유권에 관한 사항을 기재한다. 갑구의 사항란에는 대상부동산의 소유권에 관한 사항만을 기재하고, 순위번호란에는 사항란에 등기사항을 기재한 순서를 적는다. 갑구란은 부동산 등기용지 중 대상부동산의 소유권에 관한 권리관계를 기재하는 란을 말한다.

을구

등기부에는 1필의 토지 또는 1개의 건물마다 하나의 등기용지가 설정되어 있다. 하나의 등기용지는 표제부, 갑구, 을구의 3용지로 편철된다. 을구에는 소유권 이외의 권리에 관한 사항이 기재되어 있다. 등기부상 동구는 순위번호, 별구는 접수번호로 순위를 정한다.

주요 등기사항 요약 (참고용)

[주 의 사 항]

본 주요 등기사항 요약은 증명서상에 말소되지 않은 사항을 간략히 요약한 것으로 증명서로서의 기능을 제공하지 않습니다.
실제 권리사항 파악을 위해서는 발급된 증명서를 필히 확인하시기 바랍니다.

[집합건물] 인천광역시 공구 신흥동3가 7-235 신흥아이파크 제102동 제4층 제406호   고유번호 1241-2002-007629

1. 소유지분현황 (갑구)

등기명의인	(주민)등록번호	최종지분	주 소	순위번호
		단독소유		2

2. 소유지분을 제외한 소유권에 관한 사항 (갑구)

순위번호	등기목적	접수정보	주요등기사항	대상소유자
③	가압류	2013년11월14일 제49209호	청구금액 금100,000,000 원 채권자	
④	가압류	2013년11월25일 제50410호	청구금액 금160,000,000 원 채권자 서울보증보험주식회사	
⑤	가압류	2013년12월20일 제54354호	청구금액 금162,000,000 원 채권자 인천신용보증재단	
⑥	가압류	2013년12월24일 제54998호	청구금액 금11,713,412 원 채권자 아주캐피탈 주식회사	
⑦	임의경매개시결정	2014년1월27일 제3620호	채권자 주식회사우리금융저축은행	

3. (근)저당권 및 전세권 등 (을구)

순위번호	등기목적	접수정보	주요등기사항		대상소유자
7	근저당권설정	2012년12월21일 제6748호	채권최고액 금169,000,000원 근저당권자 주식회사우리금융저축은행	말소기준권리	

건축물대장 - 건축물의 용도

경매 물건을 보다 보면 간혹 위반건축물을 접하곤 한다. 위반사항은 주로 용도 변경, 무단증축 등이 있는데 이러한 물건을 낙찰받으면 대출에 제한을 받게 된다. 또한 위반사항이 시정되기까지 이행강제금이 부과되기 때문에 건축물대장에 공시된 주용도, 구조, 주차장, 엘리베이터 등을 확인해야 한다. 특히 사용승인일을 확인하여 낙찰 후 필요한 수리비용도 책정해야 한다. 간혹 예전 건축물대장을 열람하고 변경된 내용을 모르고 입찰하는 경우가 있는데 등기사항증명서뿐만 아니라 건축물대장도 입찰 당일에 반드시 열람해야 한다.

건축물대장은 건축법에 의해 시장·군수·구청장이 관리하는 건축물 및 그 부지에 관한 현황을 관리하는 대장을 말한다. 건축물의 소유·이용 상태를 확인하거나 건축정책의 기초 자료로 활용하며, 건축물 등기 시 꼭 필요한 서류이다. 주택·건축 등 각종 행정자료 산출 시 기본 정보로 활용되는 동시에 건축물의 매매·융자를 위한 담보제공 등에도 이용되므로 다음의 경우 그 현황을 기재하고 보관해야 한다.

① 건축물에 사용승인서를 교부한 경우
② 건축허가대상건축물(신고대상건축물 포함) 외 건축물의 공사를 완료한 후 그 건축물에 대해 기재의 요청이 있는 경우
③ 기타 대통령령이 정하는 경우 건축물대장 등초본 발급 및 열람

건축물대장은 정부24 www.gov.kr에서 확인할 수 있다.

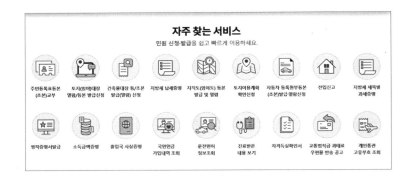

건축행정시스템 세움터

앞서 언급한 정부24를 통해 건축물대장을 확인할 수 있지만 절차가 다소 복잡하므로 세움터 www.eais.go.kr를 추천한다. 건축 인허가 처리 정보 및 건축물대장, 건축물현황도, 건축허가 통계 등 다양한 정보를 제공하고 있어 실무에 많은 도움이 된다. 비로그인 상태에서 건축물대장 열람, 발급이 가능하기 때문에 정보를 신속하게 얻을 수 있다.

토지이용계획확인서 – 토지의 정보

토지이용계획확인서는 토지를 관할하는 시장, 군수 또는 구청장이 발행하는 토지 이용에 관한 계획을 확인할 수 있는 서류이다. 경매를 통해 토지를 취득하고자 한다면 토지이용 규제에 관한 내용이 담겨 있는 토지이용계획확인서를 확인함으로써 토지의 가치를 분석할 수 있다.

토지 소재지 주소, 지번, 지목, 면적 등의 기본적인 사항과 함께 도시관리계획상의 용도지역, 용도지구, 용도구역, 지구단위계획, 도시계획시설 등을 확인할 수 있다. 또한 지역, 지구 등의 지정내용 및 행위제한내용, 토지거래계약에 관한 허가구역 등을 확인함으로써 토지 활용도에 따른 계획을 세울 수 있다.

토지이용규제정보는 luris.molit.go.kr에서 확인할 수 있다. 사이트에 방문하여 내용만 파악하여도 토지 가치를 평가할 때 많은 도움이 된다.

소유권 이전비용(2019년)

부동산 취득 방법		구분	세율합계	취득세	농특세	교육세
주택	6억 이하	85m² 이하	1.1%	1%	–	0.1%
		85m² 초과	1.3%	1%	0.2%	0.1%
	6억 초과 ~ 9억 이하	85m² 이하	2.2%	2%	–	0.2%
		85m² 초과	2.4%	2%	0.2%	0.2%
	9억 초과	85m² 이하	3.3%	3%	–	0.3%
		85m² 초과	3.5%	3%	0.2%	0.3%
주택외(토지, 건물, 상가)			4.6%	4.0%	0.2%	0.4%
원시취득(신축)			3.16%	2.8%	0.2%	0.16%
농지	신규		3.4%	3.0%	0.2%	0.2%
	2년이상 자격 취득		1.6%	1.5%	–	0.1%
상속	농지외		2.56%	2.3%	0.2%	0.06%
	1가구 1주택		0.96%	0.8%	–	0.16%
	일반(농지외)		3.16%	2.8%	0.2%	0.16%
증여	일반		4.0%	3.5%	0.2%	0.3%
	85m² 이하 주택		3.8%	3.5%	–	0.3%

- 신혼부부(재혼 포함) 주거안정 지원 : 취득세 50% 감면(2019년도 한시 적용)
- 혼인신고 전 3개월~후 5년 이내 – 2019년도까지 소유권 이전 필
- 전용면적 60m² 이하 수도권 – 4억 원 이하(수도권 외 3억 원 이하)
- 소득 요건 : 외벌이 5천만 원 이하, 맞벌이 7천만 원 이하
- 주택(유상취득) 요건 : 주택법상 주택, 건축물대장상 주택 / 무허가, 위법 오피스텔 등은 4%
- 주택을 신축 or 증축 후 부속토지 취득 시 토지취득세율 4% 적용
- 분양권 승계취득자 취득세과세표준 : 분양, 공급가격(VAT 제외)
- 1억 원 미만, 40m² 미만, 세대원 전원 무주택자로서 30세 이상은 취득세 면제
- 취득세신고 납부기한 : 취득일로부터 60일 이내

2019년 개정 양도소득세율

구분	과세표준	세율			누진공제
		기본	18. 4. 1. 부터 조정지역 내		
			2주택	3주택	
2년 이상 보유 (1년 이상 보유한 조합원 입주권)	1,200만 원 이하	6%	16%	26%	–
	1,200만 원 초과~4,600만 원 이하	16%	26%	35%	106만 원
	4,600만 원 초과~8,800만 원 이하	24%	34%	44%	622만 원
	8,800만 원 초과~15,000만 원 이하	35%	45%	55%	1,490만 원
	15,000만 원 초과~ 3억 원 이하	38%	48%	68%	1,940만 원
	3억 원 초과~5억 원 이하	40%	50%	60%	2,540만 원
	5억 원 초과	42%	52%	62%	3,540만 원
1년 미만 보유	주택, 조합원입주권 40%, 토지 60%				
1~2년 미만 보유	주택, 조합원입주권 6~42%, 토지 40%				
미등기 양도	70%				

- 2주택 양도 시 10% 가산세 제외 규정
- 3주택 이상 보유자 중과 제외 주택 – 취학, 근무상 형편, 질병 요양 등 취득한 수도권 밖 다른 시, 군 주택
- 수도권 외 지역 주택 3억 원 이하 취득 후 1년 이상 거주 2년 내 양도 – 확정판결일부터 3년 내 양도 주택
- 혼인신고 5년, 동거봉양 합가 10년 내 양도 – 일시적 2주택인 경우 종전 주택
- 3주택 이상 양도 시 20% 가산세 제외 규정
- 수도권, 광역시, 세종시 외 지역의 3억 원 이하 주택(보유주택 수 계산 시에도 제외하며, 해당주택 제외하고 3주택 여부 판단)
- 준공공임대 등으로 등록하여 8년 이상 임대한 장기 임대주택(단, 18. 3. 31.까지 등록 시 5년 이상)
- 상속받은 주택 5년 이내 양도 – 조특법상 감면대상 미분양, 신축주택 등 – 10년 이상 운영 장기 사원용주택
- 조정지역 내 다주택자 장기보유특별공제는 배제
- 비사업용토지는 양도세 기본세율에 +10% 포인트(투기지역 + 20%포인트) 적용하며, 장기보유특별공제는 토지취득일 기준임
- 조정대상지역에서 주택 분양권 전매시 보유기간 관계없이 양도소득세율 50%를 적용 – 단, 다른 분양권이 없고 30세 이상 무주택자, 결혼한 30세 미만 무주택자는 중과대상 제외되며 1년 내 50%, 2년 내 40%, 2년 이상 보유 일반세율 (6~42%)
- 1가구 1주택자는 실거래가 9억 원 이하 비과세
- 2년 이상 거주(투기지역, 투기과열지구, 조정대상지역)
- 2년 이상 보유(비 조정대상지역)
- 일시적 2주택자는 신규주택 취득 후 3년 이내에 기존 주택 파는 경우 양도세 비과세
- 양도세납부기한 : 양도일이 속하는 달의 말일부터 2개월 이내

10분 만에 끝내는
권리분석 완전정복

　법원 경매에서 권리분석은 경매 투자에서 첫 출발점이며 가장 중요한 부분이다. 대부분의 경매 초보자가 어려워하고 고민하는 부분이다. 경매 유경험자들은 '권리분석이 왜 어려울까?'라는 질문을 던지기도 한다. 법원에서 공시한 서류를 토대로 일정한 공식만 대입하면 끝날 정도로 간단하기 때문이다.

　하지만 간혹 눈에 보이지 않는 변수로 인하여 낙찰 후 낭패를 보는 경우가 있기 때문에 자만은 금물이다. 경매 투자에서 권리분석은 기본이지만 더 중요한 요소는 부동산의 가치를 얼마나 파악하느냐이다. 이에 따라 성공의 승패가 판가름된다고 할 수 있다.

　이번 장에서는 가벼운 마음으로 접근할 수 있는 권리분석 요소 및 패턴을 전수하고자 하니 독자들은 그저 따라 오기만 하면 된다. 단 10분이면 그 해법을 찾을 수 있을 것이다. 설사 이해가 잘 안 되더라도 걱정할 필요가 없다. 파트 2에서 언급할 경매 실전 사례를 반복적으로 읽다 보면 자연스레 터득하게 되기 때문이다.

　실제 입찰을 준비하는 경우 경매 물건에 대한 하자는 어디까지나 본인의 책임이다. 법원에서 경매를 진행한다고 하여 법원이 책임 지지 않는다는 것을 명심하여야 한다. 따라서 본인이 경매 물건에 대한 권리분석 능력을 키워야 한다.

그렇다면 권리분석은 어떻게 해야 하는가? 간단하다. 권리분석은 크게 부동산등기부 분석과 주택 및 상가 임차인 분석 2가지로 나눌 수 있다.

부동산등기부 분석은 경매 결과 소멸되지 않고 낙찰자에게 인수되는 권리가 있는지 여부를 파악하는 것이고, 주택 및 상가 임차인 분석은 경매 결과 임차권이 소멸되지 않아 낙찰자가 매각대금 이외에 임차인의 보증금을 인수해야 하는지 여부를 파악하는 것이다. 이 2가지만 파악하면 권리분석은 완벽해진다.

말소기준권리 – 권리분석의 핵심

등기사항증명서에서 권리관계를 정리해야 하는데, 말소기준권리에 해당하는 권리들 중에서 가장 앞서는(먼저 등기된) 권리가 바로 말소기준권리이다. 말소기준권리보다 뒤에 설정된 권리는 '소멸'되고, 먼저 설정된 권리는 '인수'된다. 말소기준권리에는 통상 근저당권(저당권), 담보가등기, 압류(가압류), 경매개시결정의 기입등기, 전세권이 해당된다.

전세권이 말소기준권리가 되기 위한 3가지 조건
-가장 먼저 등기한 것
-부동산 전체에 대해서 설정한 것(일부만 한 것은 해당되지 않는다.)
-전세권자가 경매 신청 또는 배당요구한 것

결론적으로 경매 물건을 보면 가장 먼저 말소기준권리를 찾고 선순위 인수사항을 검토해야 한다. 후순위 권리는 낙찰 후 소멸되기 때문에 권리분석상 문제가 없으며 입찰이 가능하다.

권리분석을 잘 하고 싶다면 다시 한 번 말소기준권리를 반드시 기억하라!
근저당권(저당권) / 담보가등기 / 압류(가압류) / 경매개시결정의 기입등기 / 전세권

경매 실무에서 말소기준권리 중 근저당권이 주류를 이루는 이유는 경매 신청 채권자 대부분이 금융권(은행)이기 때문이다.

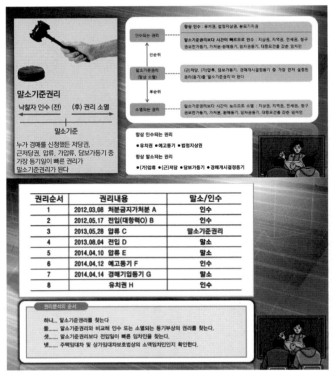

말소기준권리 예시

대항력과 우선변제권 – 낙찰 후 인수사항

경매 권리분석에서 등기사항증명서를 토대로 말소(소멸)기준권리를 찾았다면 임차권분석을 통해 낙찰 후 인수사항을 판가름할 수 있다. 여기까지 해석이 가능하다면 경매 권리분석이 그다지 어렵지 않다는 것을 깨달을 것이다.

임차권분석을 할 때 대항력과 우선변제권은 낙찰자가 매각대금 이외에 임차인의 인수금액을 결정짓는 요소이므로 반드시 숙지하길 바란다.

주택임대차보호법에 규정된 임차인의 권리로는 대항력, 우선변제권, 최우선변제권이 있다. 임차권은 본래 채권이지만 주택임대차보호법(특별법)을 통해 물권화된다. 임차인이 전입신고와 점유를 마치면 다음날 0시부터 대항력을 갖게 된다. 이를 통해 소유자 및 제3자로부터 보증금을 돌려받기 전까지는 그 부동산에 합법적으로 계속 거주할 수 있는 권리를 갖는다.

임차인이 대항력을 갖고 확정일자를 받으면 우선변제권을 갖게 된다. 우선변제권은 해당 부동산이 경매로 매각될 때 배당에서 자신의 권리 순서대로 보증금을 돌려받을 수 있는 권리이다.

최우선변제권을 통해 소액임차인이 되면 권리순서와 관계없이 최우선적으로 배당받을 수 있다.

우선변제권은 대항력 요건(전입신고+점유)에 확정일자를 갖춰야만 얻을 수 있으며, 최우선변제권은 대항력 요건을 갖추고 배당요구를 해야만 한다.

소액임차인 최우선변제의 적용 기준

앞서 언급한 최우선적으로 배당받을 수 있는 경우에 대해서 알아보자. 경매에서 배당이 중요한 까닭은 명도 난이도를 결정짓는 중요 요소이기 때문이다. 또한 소액임차인의 임차보증금과도 밀접한 관련이 있다. 최우선변제를 충족하기 위해서는 대항력 요건을 갖추고 반드시 배당요구를 해야만 한다.

소액임차보증금 기준권리 설정일은 임차인이 전입신고를 한 날짜를 기준으로 하는 것이 아니며, 소액임차보증금 기준권리가 설정된 날짜에 따라 정해진다. 소액임차보증금 기준권리에는 저당권, 근저당권, 담보가등기, 확정일자부 임차권, 전세권이 해당된다. 이 5가지 사항은 말소기준권리와 더불어서 반드시 숙지하길 바란다.

그럼 중요한 노하우를 공개하고자 한다.

전세권이 가장 먼저 설정되었다고 하더라도 말소기준권리가 되기 위해서는 부동산 전체에 대한 전세권이어야 하고, 경매 신청 또는 배당요구를 해야 한다. 그러나 소액임차보증금 기준권리는 그런 조건을 따지지 않는다.

저당권, 근저당권, 담보가등기, 확정일자부 임차권, 전세권 중에서 가장 먼저 설정된 권리가 소액임차보증금 기준권리가 되고, 소액임차보증금 기준권리가 설정된 날짜에 따라 소액임차보증금이 정해진다.

또한 소액임차보증금이 배당할 금액에서 집행비용을 제한 나머지 금액의 2분의 1을 초과한 경우에는 낙찰가의 2분의 1에 해당하는 금액에 한해서만 최우선변제금액을 받을 수 있다. 이 규정은 법원 경매 사건에서 가장 임차인에 대한 대책인 동시에 다른 채권자를 보호하기 위한 규정이다.

예를 들어 아파트 하나에 임차인이 2명 이상이고 각각의 소액임차보증금 중 일정액의 합산액이 낙찰가의 2분의 1을 초과하는 경우에 그 소액임차보증금 중 일정액의 합산액에 대한 각 임차인의 소액임차보증금 중 일정액의 비율로 그 낙찰가의 2분의 1에 해당하는 금액을 나눈 금액을 각 임차인의 소액임차보증금으로 간주한다는 규정이 있다. (주택임대차보호법 시행령 제3조 3항 / 관련 판례-대법원 2001다18513 판결. 참조 주택임대차보호법 제3조 4항)

전세권 vs 확정일자부 임차권

구분	전세권	확정일자부 임차권
규정 법령	민법	주택임대차보호법
등기사항증명서	기재	미기재
발생 요건	등기	점유+전입신고+확정일자
배당 범위	건물만(집합건물인 경우 건물+토지)	건물 및 토지
설정	임대인의 동의 및 서류 필요	임대인의 동의 필요 없음
최우선변제	해당 없음	소액임차인에 해당되면 가능
전대차	양도, 재임대, 전대차 가능	임대인 동의 없이 임차권 양도, 전대차 불가능
경매신청권	보증금 체납 시 별도 소송 없이 임의경매 진행 가능	보증금 체납 시 별도 소송을 통해 강제경매 신청 가능

앞서 언급한 내용들을 토대로 경매 권리분석이 가능할까? 권리분석은 크게 부동산등기부 분석과 주택임차인 분석이라고 언급했다. 이와 같은 사항을 숙지하고 파트 2의 실전 사례에 대입해 보면 정말 쉽다는 것을 느낄 수 있을 것이다. 경매에

입문하는 독자 입장에서 권리분석이 가능하다는 것은 어떤 물건이든 입찰이 가능하다는 것을 의미하므로 끝까지 완주하길 바란다.

주택임대차보호법과 상가임대차보호법

법원 경매 절차에서 마지막 관문으로 배당이라는 요소가 있다. 주택임대차보호법과 상가임대차보호법은 부동산에서 최우선변제금액 보장이라는 보증금에 대한 안전장치이다. 전입시기 및 사업자등록시기에 따라 배당순위가 결정된다. 임차인의 경우 자신의 보증금을 반환받아야 하는 입장이므로 임대차보호법은 부동산 중개 계약 시에 민감하게 작용하는 부분이다.

배당 부분은 앞으로 자세히 언급하겠지만 소액임차인의 최우선변제 적용 기준을 자세히 들여다볼 필요성이 있다. 부동산 실무에서 전월세 임차인 입장에서는 매우 중요한 부분인 만큼 암기를 요하며 개정되는 사항에 대해서는 항상 관심을 기울이길 바란다.

주택·상가 임대차보호법 요약

구분	주택임대차보호법	상가건물임대차보호법
적용범위	• 주거용 건물	• 상가건물(사업자등록의 대상이 되는 건물)
적용배제	• 일시 사용이 명백한 임대차	
대항력 요건	※보증금액, 월세 무관 • 주택의 인도 • 주민등록(전입신고)	※환산보증금과 무관, 모든 임차인에게 인정 (2015. 5. 13. 이후 계약분부터 적용) • 건물의 인도 • 사업자등록 신청
대항력 발생시점 내용	• 전입신고(상가의 경우 사업자등록 신청) 다음날부터 • 제3자에 대하여 임대차계약의 유효를 주장(보증금, 기간 등 주장) • 경매의 경우는 말소기준권리보다 먼저 대항력 요건을 갖추어야 함	

우선변제권 요건	• 대항력 요건+확정일자인(동사무소, 공증인, 등기소)	• 대항력 요건+확정일자인(관할세무서장)
우선변제권 내용	• 경매 시 후순위권리자, 기타 채권자보다 우선하여 배당받을 권리 • 반드시 배당요구종기까지 배당요구를 하여야 함	
최우선변제권 내용	• 일정액 : 순위와 무관하게 최우선변제 • 주택가액의 1/2의 범위 내에서 대통령령으로 정한 금액	• 일정액 : 순위와 무관하게 최우선변제 • 임대건물 가액의 1/2 범위 내에서 대통령령으로 정한 금액
임대차 기간	• 최소기간 2년(임차인에게만 인정)	• 최소기간 1년(임차인에게만 인정)
계약의 갱신 요구	• 임차인의 계약갱신요구권 없음	※2013. 8.13. 이후 최초 체결 및 갱신된 계약부터 모든 상가 임차인에게 적용 • 계약기간 만료 전 6월부터 1월까지 계약갱신 요구 가능(전체기간은 10년을 초과하지 않는 범위 내에서 가능) ➡ 임대인은 거절 불가, 갱신은 동일한 조건으로 다시 계약한 것으로 본다(다만, 차임과 보증금의 증액 제한).
묵시적 갱신과 계약의 해지	• 계약기간 만료 전 6월부터 1월까지 갱신 거절 또는 계약조건의 변경 통지를 아니한 경우 자동으로 갱신 • 임차인은 언제든지 계약해지 통지 가능(임대인은 불가) • 임대인에게 계약해지 통지 도달 후 3월이 경과하면 해지의 효력 발생	
차임 등의 증액 청구	• 약정차임의 1/20 초과 제한 • 증액 후 1년 이내 증액 제한 • 월차임 전환 시 산정률의 제한(연 10%와 기준금리+3.5% 중 낮은 비율)	• 약정차임의 5/100 초과 제한 • 증액 후 1년 이내 증액 제한 • 월차임 전환 시 산정률의 제한(연 12%와 한국은행 공시 기준금리 4.5배수 중 낮은 비율)
권리금의 보호	• 보호규정 없음	※2015. 5. 13 당시에 존속 중인 상가 계약 인정 • 계약종료 6개월 전부터 새로운 임차인과 계약에 협력의무를 임대인에게 부과 • 위반할 경우 임대인은 손해배상(단, 입증책임은 임차인)
임차권등기 명령 신청	• 임대차 종료 후 보증금을 반환받지 못한 임차인이 단독으로 신청 가능 • 필요서류 : 주택의 경우 ➡ 임대차계약서, 주민등록초본, 등기부등본 • 등기 후 효력 : 대항력, 우선변제권 취득(기존 효력 유지) • 임차권등기 후 새로운 세입자는 (최)우선변제권 없음	
경매신청	• 확정 판결 후 물건 인도를 하지 않아도 경매신청 가능(배당금 수령시는 물건을 인도하여야 함)	

권리분석 시 반드시 알아야 할 판례

권리분석에 관한 내용을 숙지하였다면 이제부터는 실전이다.

다음 판례는 경매 실무에서 일어날 수 있는 모든 경우의 수를 공개하는 것인 만큼 지금 당장 이해되지 않더라도 눈에 익혀 둔다면 앞으로 경매 물건을 해석할 때 많은 도움이 될 것이다. 남들이 어려워하는 사안에 눈을 뜬다면 부자 되는 길이 멀게만 느껴지지 않을 것이다.

대항력의 요건

1. 임대차는 등기가 없어도 임차인이 주택의 인도와 주민등록을 마친 때에는 그 '익일 오전 0(영)시부터' 제3자에 대하여 효력이 생긴다(99다9981). 주택의 인도란 이삿짐을 옮기거나 열쇠를 넘겨받는 등 현실의 인도가 보통이나 간이 인도, 반환청구권의 양도에 의한 인도를 포함한다.

2. 자기 명의로 소유권 이전등기를 경료하고 그 주민등록 전입신고까지 마친 후 이에 거주한 자가 그 주택을 매도함과 동시에 매수인으로부터 다시 이를 임차하여 임차인의 자격으로 이에 거주하는 경우에는 매도인의 주민등록은 그 주택에 관하여 매수인 명의의 소유권 이전등기가 경료한 이후에야 비로소 매도인과 매수인 사이의 임대차관계를 공시하는 유효한 공시방법이 되고, 이 경우 매도인이 임차인으로서 가지는 대항력은 '매수인 명의의 소유권이전등기가 경료된 다음 날'부터 효력이 발생한다(99다59306).

3. 주택임차인의 대항력은 전출 당시 이미 대항 요건의 상실로 소멸되고, 그 후 그 임차인이 얼마 있지 않아 다시 원래의 주소지로 주민등록을 재전입하였다 하더라도 이로써 소멸되었던 대항력이 당초에 소급하여 회복되는 것이 아니라 재전입

한 때부터 그와는 동일성이 없는 새로운 대항력이 재차 발생한다(95다30338).

4. 대항 요건은 그 대항력 취득 시에만 구비하면 족한 것이 아니고 그 대항력을 유지하기 위하여서도 배당요구의 종기인 경락기일까지 계속 존속하고 있어야 하며, 일시적이나마 다른 곳으로 주민등록을 이전하였다면 그 전출 당시에 대항 요건을 상실한다(95다44597, 86다카1695).

대항력의 내용

1. 임차 주택의 양수인(기타 임대할 권리를 승계한 자를 포함)은 임대인의 지위를 승계한 것으로 본다. 그러므로 임대차의 목적이 된 건물이 매매 또는 경매의 목적물이 된 경우에도 양수인에게 임차권의 주장이 가능하여 임대차 기간 중 거주와 기간 만료 시 보증금 반환 요구가 가능하다(86다카2076).

2. 간접 점유자에 불과한 임차인 자신의 주민등록으로는 대항력의 요건을 적법하게 갖추었다고 할 수 없으며 임차인과 점유 매개 관계에 기하여 당해 주택에 실제로 거주하는 직접 점유자가 자신의 주민등록을 마친 경우에 한해 임차인의 임대차가 제3자에 대하여 적법하게 대항력을 취득할 수 있다(2000다55645).

3. 대항력을 갖춘 임차인이 임대인의 동의를 얻어 적법하게 임차권을 양도·전대한 경우, 양수인·전차인이 임차인의 주민등록 퇴거일로부터 주민등록법상의 전입신고기간(14일) 내에 전입신고를 마치고 주택을 인도받아 점유를 계속하고 있다면 비록 위 임차권의 양도·전대에 의하여 임차권의 공시 방법인 점유와 주민등록이 변경되었다 하더라도 원래의 임차인이 갖는 임차권의 대항력은 소멸되지 않고 전대 이후에도 동일성을 유지한다.

4. 주택의 임차인이 제3자에게 전대한 이후에도 그의 임차권의 대항력이 소멸되지 아니하고 그대로 존속하고 있다면 위 주택의 전차인은 대항력을 취득한 후에

경료된 근저당권의 실행으로 소유권을 취득하게 된 자에 대하여 동시이행 항변권을 원용하여 위 임차인이 보증금을 반환받을 때까지 위 주택을 적법하게 점유·사용할 권리를 갖게 된다(1988년).

5. '갑'이 주택임대차의 대항력을 갖춘 후, '을'이 근저당 등기를 경료한 후, 다시 '갑'이 전세권 등기를 한 후, '을'이 경매를 신청하여 '갑'의 전세권이 소멸하여도 주택임차인으로서의 대항력은 존속한다. 주택임차인과 전세권자로서의 우선변제권은 별개의 것이다(1993년).

6. 등기부상으로는 건물의 표제부에 '에이(A)동'이라고 기재되어 있음에도 전입신고를 '가동'으로 신고한 경우, 크기가 달라서 외관상 혼동의 여지가 없으며, 실제 건물 외벽에는 '가동', '나동'으로 표기되어 사회생활상 그렇게 호칭되어 온 경우, 사회 통념상 '가동', '나동', 'A동', 'B동'은 표시 순서에 따라 각각 같은 건물을 의미하는 것이라고 인식될 여지가 있어 대항력 있는 임대차로 인정할 수 있다.

7. 등기부상 주소는 '지층01호'로 기재되어 있는 주택을 임차인이 'B01호'로 전입신고를 하여 주소가 기재되었더라도 대항력을 갖춘 주민등록으로 볼 수 있다(2003년).

8. 임차인이 미성년자라서 그의 부친이 자신의 이름으로 임대차 계약을 체결하더라도 주택임대차보호법상의 보호를 받을 수 있다.

9. 주민등록은 임차인 자신의 주민등록에 한정하지 않고 처의 주민등록으로도 무방하다. 배우자 등 가족만 전입신고한 경우, 가족의 주민등록을 남기고 임차인만 동의를 얻어 일시적으로 주민등록을 이전한 때에는 전체적으로나 종국적으로 주민등록의 이탈이라 할 수 없어 대항력은 그대로 유지된다(94마2134, 87다카2509).

10. 경매나 공매에서 임차인이 보증금을 수령하기 위해 임차 주택을 명도한 것을 증명하여야 하지만 임차인이 주택명도 의무가 보증금 반환 의무보다 선이행되

어야 하는 것은 아니다.

11. 임차 주택에는 건물뿐만 아니라 그 부지(토지)도 포함한다(96다7595).

12. 주택 임대차 계약을 체결한 임차인이 전세권설정등기를 한 경우에, 따로 작성된 전세권 설정 계약서가 원래의 임대차 계약서와 계약 일자가 다르다고 하여도 계약 당사자, 계약 목적물 및 보증금액(전세금액) 등에 비추어 동일성을 인정할 수 있다면 그 전세권 설정 계약서 또는 원래의 임대차 계약에 관한 증서로 볼 수 있고, 등기필증에 찍힌 등기관의 접수인은 첨부된 등기원인 계약서에 대하여 확정일자에 해당하여 전세권 설정 계약서가 첨부된 등기필증에 등기관의 접수인이 찍혀 있다면 원래의 임대차에 관한 계약 증서에 확정일자가 있는 것으로 보고, 원래의 임대차는 대지 및 건물 전부에 해당하더라도 전세금액이 임대차 보증금액과 동일한 금액으로 기재된 이상 대지 및 건물 전부에 관한 임대차의 계약 증서에 확정일자가 있는 것으로 봄이 상당하다(2001다51725).

대항력의 소멸

1. 선순위 담보물권자(저당권 : 89다카33043 / 가압류 : 83다카116) 등에게는 대항력을 주장할 수 없으므로 경매에 의해 임차권이 소멸하거나 대항 요건의 상실로 인한 대항력은 소멸한다.

2. 주택의 임차인이 대항력을 갖춘 후 임차 주택의 소유권이 양도되어 그 양수인이 임대인의 지위를 승계하는 경우에는 임대차보증금의 반환 채무도 부동산의 소유권과 결합해 일체로서 이전하는 것으로 양도인에게 있어서 임대인으로서의 지위나 보증금 반환 채무는 소멸한다(86다카 1114).

대항력의 한계

1. 법인이 사원용 주택을 마련하기 위해 주택을 임차하고 그 소속 직원을 입주시킨 후 직원 명의로 주민등록을 마치고 임대차 계약서상의 확정일자를 구비하였다 하더라도 법인은 주민등록법상 자신의 명의로 주민등록을 할 수 없을 뿐만 아니라 주택임대차보호법상의 보호대상으로 되지 아니하기 때문에 주택 임차인으로서의 보호를 받을 수 없다.

2. 임차권의 대항력을 갖춘 후 그 임차물에 대해 저당권 설정 등기가 경료되고 그 후에 임차보증금을 증액하였다면 그 증액 부분은 저당권자에게 대항할 수 없다 (90다카11377).

3. 유효한 공시 방법을 갖추지 못하면 대항력을 주장할 수 없어 전입신고를 잘못한 경우에는 대항력을 주장하지 못한다. 다세대주택(연립아파트)은 동·호수까지 정확하게 신고되어야 대항력을 주장할 수 있다. 다가구주택에서 다세대주택으로 용도를 변경하는 경우에는 동·호수를 기재해 재전입신고해야 한다(2003다10940, 2002다20957, 99다66212).

4. 신축 중인 연립주택의 임차인이 잘못된 현관문의 표시대로 [1층 201호]라고 전입신고를 마쳤는데, 준공 후 그 주택이 공부상 [1층 101호]로 등재된 경우에는 대항력이 없다(95다177, 94다27427).

5. 임대차 계약서 및 외벽 표기에 따라 주민등록상의 주소를 '현일 맨션타운 104동 301호'로 하여 전입신고를 마쳤으나 그 후 위 건물이 건축물관리대장 및 등기부상으로 '에이(A)동 301호'로 표기됨에 따라, 주민등록상의 건축물 표시와 등기부상의 건축물 표시가 일치하지 않게 된 경우, 위 전입신고에 따른 주민등록은 유효한 임대차의 공시 방법이 될 수 없다(2002다66687).

6. 주택을 임차하여 적법한 전입신고를 마친 후에 그 대지가 분할됨으로써 주택

의 지번이 변경되자 갱신된 임대차 계약서에는 새로운 지번을 표시하였으나 주민 등록상 주소는 주택에 대한 경매개시결정 기입등기가 경료된 후에야 변경한 경우, 임차인은 주택에 대한 유효한 공시 방법인 주민등록을 갖추었다고 볼 수 없어 경 락인에게 대항할 수 없다(2000다1549).

7. 주택 소유자에 대한 기존 채권으로서 '담보물권자에 대항할 수 없는 것'을 주 택의 매각대금에서 우선변제받을 목적으로 임대차의 형식을 빌려 기존 채권을 보 증금으로 하여 대항력 등은 갖추었지만 실제 주택을 사용·수익할 목적을 갖지 아 니한 계약은 통정허위표시에 해당하여 무효로 대항력은 없다(2000다24184).

8. 주택의 소유자가 아닌 명의 수탁자로서 사실상 제3자에게 임대할 권한이 있 으면 등기부상 소유자인 명의 수탁자에게도 적법한 임대차를 주장할 수 있다. 반 면 명의 수탁자는 임차인에게 소유자임을 내세워 명도를 구할 수는 없다(95다 22283).

9. 매매, 증여, 경매, 상속, 공용징수 등에 의하여 임차 주택의 소유권을 취득한 자 등은 위 조항에서 말하는 임차 주택의 양수인에 해당된다고 할 것이나, 이른바 주택의 양도담보의 경우는 채권담보를 위하여 신탁적으로 양도담보권자에게 주택 의 소유권이 이전될 뿐이어서, 특별한 사정이 없는 한, 양도담보권자가 주택의 사 용 수익권을 갖게 되는 것이 아니고, 또 주택의 소유권이 양도담보권자에게 확정 적·종국적으로 이전되는 것도 아니므로 양도담보권자는 '양수인'에 해당되지 아니 한다고 보는 것이 상당하다(93다4083).

10. 임차인이 전입신고를 올바르게 하였는데, 담당 공무원이 실수로 지번을 틀 리게 기재한 것은 전입신고로서의 효력이 있다(91다18118). 비교할 것은 임차인이 착오로 다른 지번에 전입신고를 했다가 공무원이 직권 정정을 하여 맞게 정리되면 그 이후에 대항력을 취득한다(2003다10940, 87다카1573).

11. 주택임차인의 의사에 의하지 아니하고 주민등록법 등에 따라 시장의 직권 조치로 주민등록이 말소된 경우에는 원칙적으로 대항력은 상실되지만, 직권 말소 후 이의 절차에 따라 말소된 주민등록이 회복되거나 재등록이 이루어짐으로써 주택임차인에게 주민등록을 유지할 의사가 있었다는 것이 명백히 드러난 경우에는 소급하여 그 대항력이 유지된다. 다만, 직권 말소가 소정의 이의 절차에 의하여 회복된 것이 아닌 경우에는 직권 말소 후 재등록이 이루어지기 이전에 주민등록이 없는 것으로 믿고 임차 주택에 관하여 새로운 이해관계를 맺은 선의의 제3자에 대하여는 임차인은 대항력의 유지를 주장할 수 없다(2002년).

경매 물건, 현장에 답이 있다

경매 물건을 검색하고 권리분석이 끝나 본격적으로 입찰을 계획 중이라면 이제 현장조사(임장활동)를 해야 한다. 현장조사는 우선적으로 법원에서 공시된 자료를 비교하여 불일치 여부를 판단한다. 예를 들면 점유자 파악이 중요한데, 경매 잔금 납부 이후 명도 과정에서 점유자 불일치로 인해 인도명령(강제집행 절차)이 어려워 질 수 있기 때문이다.

또한 현장조사에서 가장 중요한 것은 부동산 시세이다. 경매 물건의 현장조사 시점의 시세는 예상 낙찰가를 산정할 때 기준점이 되기 때문에 인터넷을 통한 정보 수집 및 지역 부동산을 통한 정보 수집 등 다양한 방법으로 정확히 조사해야 한다.

경매 유경험자 중에서도 간혹 자만심이 앞서 낭패를 보는 경우가 종종 발생한다. 현장 상황이나 시세 조사를 공인중개사사무소에 전화 몇 통 하는 정도로 끝내는 경우가 있는데 낙찰 후 대금 미납이라는 쓸쓸한 결과를 초래할 수 있다.

부동산 경매는 권리분석이 기본이지만 현장조사를 통해 물건분석의 중요성을 명심하여야 한다. 현장조사 전에 철저한 계획을 세워야 하며 낙찰가 산정의 핵심인 시세를 정확히 파악해야 한다.

　다음 현장조사보고서는 필자가 실무에서 자주 쓰는 양식이다. 나만의 조사 포인트를 미리 계획하는 습관이 예상낙찰가 산정 및 명도 과정에서 중요한 요소로 작용할 수 있기에 꼼꼼하게 조사하기를 권하는 바이다.

현장조사 보고서

담당자			
일시	20 년 월 일(오전 시 분 ~ 오후 시 분)		
경매사건번호		비고란	
소재지			
매매 시세 (급매 기준)		전세 시세	
임대수익형 부동산 (상가, 오피스텔, 건물) 임대보증금		임대수익형 부동산 (상가, 오피스텔, 건물) 월세	
미납관리비	전기	수도	도시가스
전입세대열람 여부	열람 확인		
중개업소 상호 & 연락처	○○공인중개사사무소 ○○○-○○○○ ○○공인중개사사무소 ○○○-○○○○		

현장조사를 하기 전에 먼저 책상에서 최대한 많은 부동산 정보를 수집한다. 경매 물건의 시세, 개발정보, 지역분석에 관한 자료를 찾아볼 수 있는 유용한 사이트들을 다음에 소개한다. 현업에서 활동 중인 부동산 경매 컨설턴트가 가장 핵심적으로 활용하는 정보의 매개체인 만큼 독자 여러분도 꼭 기억하길 바란다.

부동산 시세정보 및 유용한 사이트

현장조사(임장활동)를 하다 보면 대부분 지역 공인중개사를 통해 시세를 파악한다. 당연한 과정이지만 그 전에 부동산 사이트를 통해 시세 정보를 미리 알아 둘 필요가 있다. 예전과 달리 인터넷에 공개된 부동산 시세도 비교적 정확하기에 발품 이상으로 손품도 중요하다. 손품이야말로 단기간에 많은 정보를 습득할 수 있는 장점이 있기에 적극적 활용이 필요하다.

부동산은 정보싸움이고 유용한 정보가 돈과 직결된다. 지금부터 공개하는 각종 사이트는 부동산 시세뿐만 아니라 개발정보, 지역분석 등에 관한 정보를 확인할 수 있는 유용한 채널인 만큼 독자 여러분도 꼭 기억하길 바란다.

부동산 시세정보

네이버부동산 : 부동산 종류별로 물건 정보가 가장 많으며, 시세동향을 한눈에 파악할 수 있다.

부동산114 : 부동산 시세정보와 정책 등에 관한 정보가 많다.

KB부동산 : 아파트와 주택에 관한 시세정보가 정확하다.

다방 : 원룸, 투룸, 쓰리룸, 오피스텔 등 소형주택 물건 정보가 풍부하다.

직방 : 다방과 유사한 형태로서 최근엔 아파트 정보도 갖추고 있다.

땅야 : 토지 실거래가 정보를 파악할 수 있다.

밸류맵 valueupmap.com

필자는 부동산 실무에서 밸류맵이라는 사이트를 자주 이용한다. 전국 토지, 단독주택, 다가구주택, 빌딩, 공장, 상가의 실거래가와 정확한 위치 정보를 제공하는데, 특히 토지 ㎡당 가격을 제공함으로써 생소한 지역의 부동산 가치를 평가할 때 쉽게 다가설 수 있다. 이렇듯 진정으로 부동산을 배우고자 한다면 변화하는 시대의 흐름에 따라 보다 많은 정보를 습득하고 적재적소에 활용할 수 있다면 이보다더 좋을 순 없을 것이다. 세상의 모든 정보를 컴퓨터에 다 담지는 못하겠지만 부동산 분야만큼은 쓰고도 넘칠 만큼의 정보가 있으니 꾸준한 공부는 필수다.

호갱노노 hogangnono.com

전국 아파트 실거래가가 매일 업데이트되고, 그래프로 쉽게 확인할 수 있다. 광고 리뷰에서는 볼 수 없는 생생한 경험담이 담긴 리뷰 50만 건과 대출, 학군, 편의시설, 교통, 출퇴근, 거래량, 신고가 정보뿐만 아니라 가격 변동, 인구 이동, 경매, 분양, 재건축까지 손쉽게 무료로 볼 수 있는 앱이다.

씨 : 리얼 seereal.lh.or.kr

부동산에 대한 토지와 건물의 정보 확인에서부터 부동산 관련한 정책과 생활에 대한 가이드를 카드뉴스로 제공한다.

서울부동산정보광장 land.seoul.go.kr

전국 아파트, 단독주택, 다가구주택, 다세대주택에 대한 전·월세 실거래가를 비롯하여 각종 개발 계획 정보, 부동산 중개업 관련 정보 등 부동산에 대한 종합적인 정보를 제공한다. 또한 부동산 관련 민원서류 확인 및 신청을 할 수 있다.

서울도시계획포털 urban.seoul.go.kr

지구단위계획, 도시개발사업, 뉴타운개발사업, 정비사업, 기타 사업 등 서울시에서 추진 계획이 있거나 진행 중인 모든 도시 계획에 대해서 종합적인 안내 서비스를 제공한다.

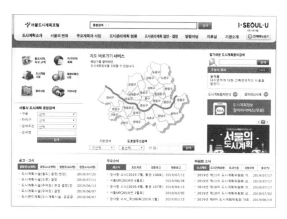

클린업시스템 cleanup.seoul.go.kr

재개발, 재건축 등 정비사업의 추진 과정을 투명하게 공개하기 위하여 서울시에서 구축한 사이트이다. 공공관리제도 도입 전과 후의 정비사업 진행 절차에 대한 내용도 확인할 수 있다.

미래철도DB frdb.wo.to

신설 예정 철도, 지하철, 광역전철, 경전철 노선 정보 사이트이다. 개인 운영자가 철도건설유관기관에서 얻어낸 정보를 바탕으로 각 노선의 정보를 정리하여 제공한다. 본 사이트에 게재되거나 링크하여 제공된 자료의 정확성이나 완전성을 보장하지는 않는다.

미래철도DB

Last Update : 2019/7/29

Today : 271
Total : 7609536
Since 2001/12/13

[지역별 구분] [개통시기별 구분(개통내역)]

개통예정 일정	● 결정된 스케줄이 없습니다

신설예정 철도정보
- 지역별
- 개통시기별(개통내역)
- 신설예정역
- 폐기된 계획

안내
- 최근 업데이트
- 미래철도DB란?

커뮤니티
- 유튜브 채널
- 방명록
- 미래철도 노선도
- 레일플러스 철도동호회
- 페이스북

정보
- 철도의 건설절차, 사업상황 신호등
- 용어
- 언론소개, 수상
- 미래철도 위성지도 (제르모스 님)
- Link
- 운영자 소개
- 한우진의 교통평론
- 즐겨찾기에 추가

[최근 업데이트]

2019/7/29	부전마산 복선전철 > 업데이트
2019/7/22	동해선(포항-동해) 전철화, 호남선 고속화(직선화) > 업데이트
2019/7/15	서울7호선 청라연장 > 업데이트
2019/7/12	위례신사선, 판교트램(성남도시철도 2호선), 경의선 문산-임진강 전철화 > 업데이트 / 수도권 전철 경부선, 분당선, 과천선, 일산선 급행화 > 페이지 신설
2019/7/9	경의선 전철화(문산-임진강), 제2경인선, 수서광주선 > 업데이트
2019/7/5	김포도시철도 > 업데이트
2019/6/19	울산 도시철도, 광주도시철도 2호선 > 업데이트
2019/6/1	하남선(서울지하철 5호선 연장), 동해선(영덕-삼척), 신분당선 북부 연장 > 업데이트
2019/5/24	국토교통부 장관 기자간담회 수도권 서북부 광역교통 개선구상에 포함된 노선들 > 업데이트
2019/5/22	위례신사선, 위례선(트램) > 업데이트
2019/5/15	경기도 도시철도 종합안내, 각 노선별 페이지 > 업데이트
2019/5/7	고양선(서부선 연장) > 페이지 신설 / 신안산선 > 업데이트
2019/5/6	대전도시철도 2호선 > 업데이트
2019/5/4	월미바다열차 > 업데이트
2019/5/1	인천 1호선 검단연장, 위례선 트램> 업데이트

국토교통정보시스템 molit.go.kr/network

국토, 도시, 주택, 건설, 철도 등 분야별로 분류하여 해당 시스템의 메타 정보를 소개한다. 각 사이트로 이동하여 보다 자세한 정보를 검색할 수 있다.

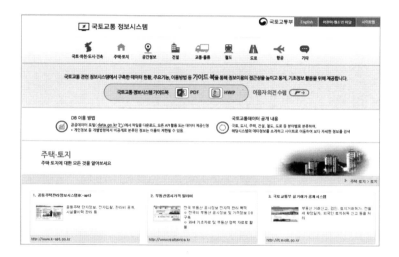

부동산계산기 부동산계산기.com

부동산중개수수료, 등기비용, 법무사 수수료, 취득세, 재산세, 종합부동산세, 양도소득세, 증여세, 상속세, 국민주택채권할인료, 임대수익률, DTI(총부채상환비율), 신DTI, DSR(총부채원리금상환비율), RTI(이자상환비율), LTV(담보인정비율), 대지지분, 용적률, 건폐율 등을 계산할 수 있다.

전입세대열람방법 및 활용

경매 입찰 전 현장조사를 하면서 점유자 파악이나 임차인의 대항력 유무를 판단하고자 한다면 전입세대열람은 어떠한 경우에도 빠뜨릴 수 없는 필수사항이다. 점유자의 전입시기가 말소기준권리보다 선순위이며 배당요구를 하지 않은 경우 낙찰자가 보증금 전액을 인수해야 한다. 따라서 입찰 당일에 열람한 후 경매에 참여하길 당부한다. 입찰 당일에는 경매법정에 비치해 놓은 사건열람을 확인하는 과정도 잊지 말아야 한다.

간혹 사설 경매 사이트에서 제공하는 전입세대열람원을 확인하는 경우가 있는데 사이트에서 제공하는 전입세대 정보의 시기가 상당히 지난 경우 직접 열람했을 때 변동된 점유관계가 나타나곤 한다. 이를테면 같은 세대였는데 분리 세대로 바뀌었다든지, 소유주나 채무자는 전출을 하고 가족 중 1명이나 근저당보다 전입일이 빠른 사람만 남겨 놓았다든지 하는 것을 흔하게 볼 수 있다.

낙찰 후 점유자를 상대로 인도명령 신청을 하는 경우 고의적으로 인도명령 서류를 받지 않거나, 이의신청을 하는 등의 절차로 인하여 인도명령결정을 지연하는 일이 발생할 수 있다. 이러한 사태를 미연에 방지하기 위해서는 입찰 전에 전입세대열람 확인이 중요하다. 경매 물건의 경우 전국 어디에 있는 물건이든 가까운 주민센터를 방문하여 열람할 수 있다.

전입세대열람 시 준비물과 주의사항
① 신분증
② 해당사건의 경매 정보지 1부
③ 열람비용
④ 주민센터에 비치된 신청서 작성
⑤ 신청서 서명란에는 도장 또는 사인
⑥ 말소, 동거인 포함해서 발급

-전입세대열람 : 주민등록법에 의해 세대 열람 가능(주민센터)
-사업자등록 확인 : 집행관만 확인 가능(세무서)

주민등록법 시행규칙 [별지 제15호서식] <개정 2017. 5. 29.>

주민등록 전입세대 열람 신청서

※ 뒤쪽의 유의 사항을 읽고 작성하기 바랍니다.   (앞쪽)

접수번호		접수일자		처리기간	즉시
신청인 (위임받은 사람)	성명		(서명 또는 인)	주민등록번호	
	주소 (시·도) (시·군·구)			연락처	
법인 신청인	기관명			사업자등록번호	
	대표자		(서명 또는 인)	연락처	
	소재지				
	방문자 성명		주민등록번호	연락처	

열람 대상 물건 소재지

용도 및 목적	증명 자료

「주민등록법」 제29조제1항 및 같은 법 시행규칙 제14조제1항에 따라 주민등록 전입세대 열람을 신청합니다.

년   월   일

시장·군수·구청장 또는 읍·면·동장 및 출장소장 귀하

위임장

「주민등록법」 제29조제1항 및 같은 법 시행규칙 제14조제1항에 따라 주민등록 전입세대 열람 신청을 위와 같이 위임합니다.

년   월   일

개인 신청인 (위임한 사람)	성명		(서명 또는 인)	주민등록번호	
	주소			연락처	
법인 신청인 (위임 법인)	기관명			사업자등록번호	
	대표자		(서명 또는 인)	연락처	
	소재지				

첨부 서류	1. 위임한 사람의 주민등록증 등 신분증명서(담당 공무원이 위임장의 진위 여부 확인을 위해 요청하는 경우) 2. 신청 자격 증명 자료(행정정보 공동이용을 통해 확인이 불가능한 경우)	수수료 1건 1회 300원

[ ] 행정정보 공동이용 동의서(소유자) [ ] 전·월세 거래 정보 시스템 이용 동의서(2014. 1. 1.이후 임차인)

본인은 이 건의 업무 처리를 위해 담당 공무원이 「전자정부법」 제36조제1항에 따른 행정정보의 공동이용을 통해 관할 행정청이 등기부 등본으로 본인 소유 여부 등을 확인하거나 「주택임대차보호법」 제3조의6제2항에 따른 전·월세 거래 정보 시스템의 확정일자 부여 사실로 임차인 여부 등을 확인하는 것에 동의합니다.

* 동의하지 않는 경우에는 신청인이 직접 관련 서류를 제출하여야 합니다.

신청인(위임한 사람)   (서명 또는 인)

210mm×297mm[백상지(80g/m²) 또는 중질지(80g/m²)]

관리비 조사가 중요한 이유

현장조사를 하다 보면 해당 물건의 관리비 확인을 간과하여 큰 낭패를 보는 경우가 있다. 관리비를 조사하는 것만으로도 명도 난이도를 예상하고 점유관계를 확인할 수 있다. 실무에서 경험한 노하우를 공개하자면, 낙찰 후 점유자를 상대로 명도를 진행하기 전에 체납된 관리비 내역을 토대로 점유자의 성향을 예측할 수 있으며, 현재 관리비(공과금)를 누가 납부하고 있는가에 따라 실제 점유자를 파악할 수 있다.

낙찰 후 발생할 수 있는 관리비에 관한 분쟁은 다음과 같은 방법으로 대처하여야 한다.

아파트 관리비의 경우 공용 부분에 대한 관리비와 전용 부분에 대한 관리비를 통합하여 부과하며, 구체적인 사항은 관리비 납부고지서에 명시된다. 경매로 낙찰받을 경우 공용 부분에 대한 관리비만 부담하면 되는 것이 맞지만 이미 관리사무소에서 수도, 전기 공급을 중단하는 경우가 있다. 그러므로 부득이 전 점유자의 관리비 전액을 납부해야만 수도, 전기를 공급받을 수 있다.

전 점유자가 부담하여야 할 관리비를 낙찰자가 납부한 것에 대해서는 아파트 운영위원회를 상대로 부당이득금반환의 방법으로 반환받아야 한다. 그런데 대부분 협의가 되지 않아서 기지급된 관리비를 받기 위해서는 소송 절차를 거쳐야 한다.

사실상 이전 점유자의 체납된 관리비를 이유로 단전·단수하는 조치는 엄연한 불법행위(업무방해죄 및 공갈죄)이며, 매수자(낙찰자)에게 손해를 끼치는 행위이므로 만일 그러한 조치가 실행된다면 그에 따른 민·형사상의 책임을 물을 수 있다.

또한 관리사무소에서 관리비 체납을 이유로 이삿짐 반출을 막고 입주를 방해하는 경우에는 그로 인하여 발생하는 손해액에 대한 손해배상을 청구할 수 있다.

낙찰자의 관리비 인수 책임은 관리비 중 공용 부분에 한하고, 연체료는 인수하지 않는다. 공용 부분의 관리비 중 '일반관리비' 부분의 대법원 판례는 공용 부분에만 관한 것도 아니고 전유 부분에만 관한 것도 아니어서 공용 부분과 전유 부분을 구분한다는 것이 불가능하므로 낙찰자는 1/2만 부담한다(대법원2001.9.20. 선고 2001다8677 전원합의체 판결).

또한 관리비채권은 3년간 채권행사를 하지 않으면 소멸시효가 끝나 청구할 수 없다. 관리비 과다 체납 시 관리실(입주자대표회의)과 협상의 여지가 있으므로 관리비 내역서를 반드시 갖고 있어야 한다.

매수인 입장에서 관리단과 관리비에 관한 마찰이 발생할 경우 위의 판결문을 토대로 내용증명을 관리사무소에 발송하고 매수인이 납득할 수 있는 관리비를 청구해 줄 것을 요청하여야 한다. 만일 매수인에게 부당한 관리비를 청구한다면, 그에 대한 소를 제기하고 그 판결을 겸허하게 받아들이겠다는 내용을 추가해도 좋다.

그럼에도 불구하고 관리사무소에서 이러한 협의 및 고지를 거부한 채 부당하게 재산권행사를 방해한다면 부득이 강제집행을 통하여 재산권을 행사하고 그 손해에 대한 민·형사상 책임을 묻는 수밖에 없다.

참고로 장기수선충당금은 원칙적으로 임대인이 지불하여야 하며 임차인이 거주 기간 동안 납부(대납)했을 경우 전출 시 임대인에게 반환을 요청할 수 있다.

☆ 전출시 고동이체(가입카드) 해지 하십시오.   자동이체 해지신청 ...

중 간 관 리 비

동호: 동   호 면적: ㎡   (입주자용)

항목	금액	항목	금액		구분	일자	전월	당월	사용량	금액
일반관리비	35,060	세대전기료	30,960		전기	2013.11	1513	1707	194	21,180
청소비	18,970	공동전기료	10,000			2013.12	1707	1820	113	9,780
소독비	740	승강기전기	3,090		온수	2013.11	4	6	2	11,600
승강기유지비	4,680	TV수신료	5,000			2013.12	6	8	2	11,600
수선유지비	12,180				수도	2013.12	3892	3903	11	11,350
장기수선충당금	35,430	세대수도료	20,330			2013.12	3903	3911	8	8,980
오물수거비	6,010	공동수도료			난방	2013.11	0.002	0.074	0.072	6,260
세대경비비	54,720	하수도료				2013.12	0.074	0.346	0.272	23,660
위탁관리비	1,070	세대난방비	29,920		가스	2013.11	50	52		3,840
주차장전기료	1,210	기본난방비	8,600			2013.12				
분산상가전기료		공동난방비	9,590		미납관리비					
공동경비비	6,270	세대급탕비	23,200							
가수금		세대가스료	3,840							
선거관리운영비		대표회의운영비	2,160							
보험료	690									
당월합계			323,720		미납금합계					
					정산금액					323,720

- 중간관리비 정산기간 : 20○○년 11월 01일 부터 20○○년 12월 20일 까지   담당자: (인)
전출자: (인) 연락처: 전입자: (인) 연락처:
전월 부과금액을 기준하여 산정한 금액이므로 금액의 증감이 발생될 수 있으니 이점에 양지하여
중간관리비 정산후 발급된 금액에 따라 전,출입자가 정산하시기 바랍니다.

접 수 필

관리비 정산 내역서

토지 현장조사 방법

토지 경매는 어떻게 접근해야 하나?

토지는 부동산 중 거래 사례가 활발하지 않은 대표적인 종류이며 공법상 행위제한에 따라 취득 후 어려움을 겪는 경우가 많다. 따라서 토지를 취득하고자 할 때는 사전에 철저한 조사가 이루어져야 한다. 많이 유찰되는 경매 물건의 경우는 여러 함정이 있을 수 있으니 단순히 가격적 이익만 보고 입찰했다가는 낭패를 보기 쉽다.

토지를 취득하고자 하는 경우 다음 사항을 숙지하여 현장조사를 한다면 많은 도

움이 될 것이다.

1. 지상에 건물, 수목 또는 공작물이 있는 토지를 입찰하는 경우에는 법정지상권 성립 요건을 확인해야 한다. 법정지상권이 성립하는 경우에는 지상물을 임의로 철거할 수 없기 때문에 소유권 행사에 어려움이 따른다.

2. 임야를 취득할 때에는 현장답사를 꼼꼼히 해야 한다. 임야 내에 분묘가 소재하고 분묘기기권이 성립하는 경우에는 임의로 분묘를 개장 또는 이장할 수 없기 때문이다.

3. 혐오시설은 피하는 것이 좋다. 토지 위에 철탑이 있거나, 고압선이 매설되었거나, 인근에 쓰레기장 등이 있다면 토지 개발에 악재로 작용할 수 있다.

4. 토지는 개발제한구역, 군사시설보호구역, 상수원보호구역 등 공법상 규제사항이 많다. 이러한 규제는 쉽게 바뀔 수 있는 부분이 아니므로 입찰 전에 토지이용계획확인서를 통해 확인하여야 한다. 관할청에 건축 가능 여부를 확인하고, 군 당국의 동의 여부를 확인하는 등 다각도로 조사가 필요하다.

5. 토지는 주거용, 상업용 부동산에 비해 거래 사례가 많지 않기 때문에 입찰 전에 현장에 방문하여 시세 조사를 정확히 하여야 한다. 시세를 잘못 파악해 예상 밖으로 고가낙찰을 받고는 잔금을 납부하지 않는 경우가 종종 발생한다.

6. 전, 답, 과수원 등 농지를 취득하고자 할 때에는 입찰 전에 농지취득자격증명 제출 여부를 확인하고 관할청 담당자를 통해 농지취득자격증명 발급 여부를 반드시 확인하여야 한다.

7. 토지는 개발 목적이나 미래가치를 보고 투자하는 부동산으로 부동산 경매 중 가장 많은 지식을 필요로 한다. 취득하고자 하는 지역의 개발호재, 교통망, 수용토지 등을 고려하여야 한다.

농지취득자격증명(농취증) 발급 방법

토지 경매에서 농지를 낙찰받을 경우 농지취득자격증명을 제출해야 입찰보증금을 몰수당하지 않게 된다. 토지 경매 시 가장 중요한 부분이므로 아래 사항을 반드시 숙지해야 한다.

토지가 지목이나 현황상 전, 답일 때 농취증을 제출하여야 한다. 낙찰 후 1주일 이내 즉 매각허가결정기일까지 제출하여야 하며 2주일 이내에 제출하지 않으면 매각불허가뿐만 아니라 입찰보증금을 몰수당한다. 농지라는 것은 지목이 전, 답이거나 현황상 전, 답, 과수원, 다년생 농작물 재배지로 이용되는 토지를 말한다. 농지는 거주지역에 상관없이 취득할 수 있지만 농지를 보유하지 않은 사람은 최소 취득면적이 1,000m² 이상 되어야 농지취득자격증명을 발급받을 수 있다.

농지취득자격증명은 처리기한이 영농의 경우는 4일, 주말체험농장의 경우는 2일이다. 그러다 보니 문제가 발생할 경우 대처시간이 3일에 불과하다. 그래서 꼭 필요한 땅이라면 경매 전에 미리 준비하는 것도 좋은 방법일 수 있다.

토지 매매나 경매에서 빼놓을 수 없는 것이 농지취득자격증명과 농업경영계획서, 농지원부 등이다. 개정된 농지법에 의해 농지취득자격증명 발급 시 기존에 농지위원 2인 이상의 확인을 받아야 했던 절차가 없어지고 농취증 발급 신청 후 4일 이내 발급하도록 명문 규정을 두었다.

주말농장이나 체험영농을 위한 농지 취득은 세대원 전부가 소유한 농지면적이 1,000m² 미만이면 농지 소유가 가능하고 농취증발급신청서만 작성하여 제출하면 된다. 일반 농지 취득에서와 같은 농업경영계획서는 제출하지 않아도 된다.

용도지역으로 보면 농취증 발급 대상은 비도시지역인 관리지역, 농림지역, 자연환경보전지역의 토지와 도시지역의 녹지지역 등이다. 도시지역의 녹지지역은 개발허가행위나 형질변경허가를 받은 경우에는 농취증이 없어도 되지만 농지전용협의만을 마친 경우에는 농취증이 있어야 한다.

도시지역은 주거지역, 상업지역, 공업지역, 녹지지역으로 분류하는데 주거지역과 상업, 공업지역의 농지는 전용허가를 받은 경우에는 필요치 않지만 관리지역, 농림지역, 자연환경보전지역 등의 비도시지역의 농지는 전용허가를 받았다 하더라도 사업이 완료되어서 지목이 완전히 변경되기 전까지는 농취증이 필요하다.

농지를 경매로 취득하는 경우에는 그 농지가 토지거래허가구역 안이라고 하더라도 규제가 적용되지 않고 거주 제한 없이 자유로이 취득할 수 있는 장점이 있다.

농지취득자격증명 발급 절차

① 경매 물건을 낙찰받는다.

② 경매 법정에서 최고가매수인(낙찰자)이 확인되면 입찰보증금 영수증을 즉시 수령받는다.

③ 해당소재지 읍·면·주민센터를 방문하여 법원 경매 물건을 낙찰받은 최고가매수인임을 증빙(입찰보증금 영수증 확인)하고 농지취득자격증명 발급을 신청한다.

※입찰 전에 위임장으로 대리인 발급이 가능한지 확인할 것

④ 자격심사를 한다.

⑤ 4일 이내에 발급 또는 반려된다.

⑥ 매각결정기일 이전까지 제출한다.

⑦ 매각허가결정이 난다.

⑧ 대금을 납부한다.

발급대상이 농사를 지을 수 없는 경우에는 농지취득자격증명 발급이 거절된다.

예를 들어 분묘나 불법건축물이 있어서 도저히 농사를 지을 수 없을 때는 농취증 발급이 반려되거나 원상복구를 조건으로 한 발급대상일 수도 있으니 해당 관청에 미리 확인하는 것이 좋다.

만약 농취증 발급이 되지 않는 토지라면 농취증 발급대상이 아니라는 취지를 법원에 통지해 달라고 하는 것이 좋다. 지목이 전이나 답인데 법정지상권이나 제시외 건물, 분묘가 있는 곳 등은 꼼꼼히 확인하고 입찰에 참여해야 한다.

농지취득자격증명 신청서

■ 농지법 시행규칙 [별지 제3호서식] <개정 2017. 1. 19.>

농지취득자격증명신청서

(앞쪽)

※ 뒤쪽의 신청안내를 참고하시기 바라며, 색상이 어두운 란은 신청인이 작성하지 않습니다.

접수번호		접수일자		처리기간	4일 (농업경영계획서를 작성하지 않는 경우에는 2일)

농 지 취득자 (신청인)	①성 명 (명 칭)		②주민등록번호 (법인등록번호)		⑤취득자의 구분			
	③주 소				농업인	신규 영농	주말· 체험영농	법인 등
	④전화번호							

취 득 농지의 표 시	⑥소 재 지						⑩농지구분			
	시·군	구·읍· 면	리·동	⑦지번	⑧지목	⑨면적(㎡)	농업진흥지역		진흥지역 밖	영농어건 불리농지
							진흥구역	보호구역		

⑪취득원인					
⑫취득목적	농업경영		주말·체 험영농	농지전용	시험·연구 ·실습지용 등

「농지법」 제8조제2항, 같은 법 시행령 제7조제1항 및 같은 법 시행규칙 제7조제1항제2호에 따라 위와 같이 농지취득자격증명의 발급을 신청합니다.

년   월   일

농지 취득자(신청인)　　　　　　　　　　　　　　　　　（서명 또는 인）

시장·구청장·읍장·면장 귀하

첨부서류	1. 별지 제2호서식의 농지취득인정서(법 제6조제2항제2호에 해당하는 경우만 해당합니다) 2. 별지 제4호서식의 농업경영계획서(농지를 농업경영 목적으로 취득하는 경우만 해당합니다) 3. 농지임대차계약서 또는 농지사용대차계약서(농업경영을 하지 않는 자가 취득하려는 농지의 면적이 영 제7조제2항제5호 각 목의 어느 하나에 해당하지 않는 경우만 해당합니다) 4. 농지전용허가(다른 법률에 따라 농지전용허가가 의제되는 인가 또는 승인 등을 포함합니다)를 받거나 농지전용신고를 한 사실을 입증하는 서류(농지를 전용목적으로 취득하는 경우만 해당합니다)	수수료 : 「농지법 시행령」 제74조에 따름
담당공무원 확인 사항	1. 토지(임야)대장 2. 주민 등록표 등본 3. 법인 등기사항증명서(신청인이 법인인 경우만 해당합니다)	

행정정보 공동이용 동의서

본인은 이 건 업무처리와 관련하여 담당공무원이 「전자정부법」 제36조제1항에 따른 행정정보의 공동이용을 통하여 위의 담당공무원 확인사항을 확인하는 것에 동의합니다. *동의하지 않는 경우에는 신청인이 직접 관련서류를 제출하여야 합니다.

신청인 (대표자)　　　　　　　　　　　　　　　　　（서명 또는 인）

210㎜×297㎜[백상지 80g/㎡]

배당을 알면
명도가 쉽다

    경매 입문자들이 대부분 어려워하는 것이 명도(점유해제)이다. 처음 경매 물건을 접할 때는 물건 선택도 어렵고 권리분석도 힘겨운데 낙찰 후 점유자를 만나 원만한 해결을 해야 한다는 부분이 두려움으로 다가올 수 있다. 명도협상이 원활하게 이루어지지 않을 경우 매수자(낙찰자)는 법원에 인도명령 신청 후 강제집행을 통해 명도를 진행할 수 있으나 양 당사자에게 모두 불리한 요소로 작용할 수 있다.

    점유자와 원만한 타협이냐? 강제집행이냐? 현장 상황에 따라 정답은 없지만 가급적 명도협상을 권한다. 실무에서는 원활한 타협이 이루어질 경우 점유자의 이사비용(위로금)은 강제집행비용 내에서 산정한다. 간혹 악성 점유자가 터무니없는 이사비용을 요구하는 경우가 있는데, 이럴 때에도 매수자는 무조건 강제집행을 하지 말고 점유자를 설득하면서 집행 절차를 동시에 진행하는 것이 현명하다.

    명도 과정에서 점유자의 배당금액은 그야말로 매수자에게 구원투수가 될 수 있다. 점유자가 배당을 받은 경우에는 명도 과정이 수월해질 수 있기 때문이다. 자세한 사항은 나중에 언급할 배당 부분에서 기술하도록 하겠다.

명도 과정은 부동산을 매매로 취득하는 경우에는 필요 없지만 경매에서는 필요한 단계이다. 명도라는 힘든 과정을 겪으면서도 경매를 하는 이유는 시세 이하로 부동산을 취득할 수 있기 때문이다. 따라서 낙찰가 산정은 이 모든 과정에 대한 결과물이므로 신중한 결정이 필요하다.

명도는 어떻게 접근해야 하는가?

명도란 낙찰받은 부동산을 점유하는 점유자(임차인 혹은 전소유자)를 내보내고 점유권을 취득하는 절차이다. 앞서 언급한 내용처럼 점유자와 원만하게 타협하는 것이 최선이나 부득이 명도협상이 안 될 때는 다음과 같은 절차를 통해 아름다운 마무리를 할 수 있다.

다시 한 번 강조하자면 명도는 협상과 동시에 강제집행 절차를 진행하여야 한다. 그 이유는 명도 협상이 안 될 경우 차선책으로 법적 절차를 신속하게 진행해야 하기 때문이다.

1. 경매 낙찰 후 사건 열람

경매에 참여한 낙찰자(최고가매수신고인)는 잔금을 납부하기 전에 이해관계인 입장에서 관할법원 경매계를 방문하여 경매사건을 열람할 수 있다. 사건을 열람하다 보면 명도 과정에 필요한 이해관계인의 정보를 알 수 있기 때문에 이 부분을 활용하면 많은 도움이 된다. 법령에 의하면 소유권보다 점유권이 더 우선되기 때문에 소유권 취득을 하더라도 집에 직접 들어가서 내보낼 수 없다. 적법한 절차로 진행하면서 점유자들과 합의를 하는 것이 통상적이다.

2. 내용증명 작성 및 발송

　매수자(낙찰자)는 잔금 납부 당일 점유자에게 소유권이 바뀌었고 자진 명도할 것을 알리는 내용으로 서신을 보내는 것이 좋다. 내용증명을 받은 점유자는 심리적 압박과 함께 스스로 명도 계획을 세울 수 있기 때문에 명도 과정에서 필수 단계이다. 차후 점유자를 만나 협상을 해야 하므로 관련 내용을 내용증명으로 정중하게 보내는 지혜가 필요하다. 명도는 결국 양 당사자가 원만한 타협을 하기 위한 과정이기 때문에 서로 스트레스를 받을 필요는 없다.

내용증명(부동산 인도)

점유자(귀하)	성명	홍길동
	주소	서울특별시 서초구 서초동 오늘빌딩 201호
낙찰인	성명	이오늘
안건	제목	1. 건물 명도 요청 2. 부동산 강제집행 및 손해배상 청구 통보

안녕하십니까?

1. 서울시 마포구 공덕동 오늘빌딩 201호를 서부지방법원 본원에서 실시한 법원경매(사건번호 2018타경1234)로 낙찰받아, 대금납부는 2019년 4월 8일에 잔금을 완납함으로써 본인(낙찰인) 명의로 소유권이 변경되었습니다.

2. 채무자(점유자) 홍길동께서는 아래 기한 내에 명도에 협조하여 주시기 바랍니다.

3. 본 우편물 수령 후 2019년 6월 30일까지 명도하여 주지 않을 경우 본인이 잔대금을 납부한 2019년 4월 8일을 기준으로 귀하가 향후 건물을 명도하는 날까지 부동산임의경매 낙찰가에 대한 연 12%(낙찰가 × 연 12%/365일)에 해당하는 일세조로 금원을 무상거주에 대한 부당이득과 본인의 손해배상액조로 청구하오니 양지하여 주시기 바랍니다. —

4. 또한 본 내용증명(부동산인도) 도달일로부터 자진하여 명도하겠다는 확약서(또는 통보)나 연락을 주시지 않을 경우 부득이 법원에 인도명령 신청 건과 관련하여 집행관사무실에 강제집행신청도 조속 병행하여 귀하의 불법점유에 따른 손해배상과 지연임대료, 강제집행비용, 잔대금납부지연이자, 배당금 가압류 등 귀하(가족 포함)에게 모두 청구하겠으니 양해하여 주시기 바랍니다. (추후에 이삿짐유체동산 압류하여 경매 처분할 것임을 참고 바랍니다.)

5. 이러한 상황이 유감스럽지만, 부득이 본 서신을 보내 드리오니 저의 입장을 충분히 이해하여 주시길 바랍니다. 또한 본 내용증명을 보시고 빠른 시일 내에 이사 계획을 하시고 적극적으로 부동산 인도를 위하여 빨리 연락을 주시면 감사드리겠습니다.

2019년 4월 8일

위 발신인   이오늘   전화번호 : 010 - 1253 - 8282

3. 인도명령신청

인도나 명도라는 말은 점유한 부동산을 넘겨준다는 측면에서 같은 의미이다. 대항력이 없는 점유자에게는 인도명령을 하고, 대항력이 있는 점유자에게는 명도소송을 한다. 인도명령은 소송 없이 강제집행이 가능하도록 신청서만으로 간단히 낙찰자의 권리를 보장해 주는 것이다. 낙찰대금 납입 후 6개월 이내만 가능하며, 비용이 명도소송보다 저렴하고 절차가 간단하다. 명도소송은 6개월의 인도명령 기간이 지났을 때 소송을 통해서만 강제 집행할 수 있으며, 비용이 많이 들고 오랜 기간이 소요된다.

　-인도명령신청 대상자 : 소유자, 채무자, 대항력 없는 점유자
　-인도명령신청이 불가능한 경우 : 유치권자, 법정지상권자, 대항력 있는 점유자

인도명령신청서에는 1,000원의 인지를 붙이고 송달료 18,000원을 납부해야 한다. 인도명령은 매수자(낙찰자)가 잔금을 납부한 후 6개월 이내에 신청해야 한다.

부동산인도명령 신청

사건번호

신청인(매수인) :　　　ㅇ시　ㅇ구　ㅇ동　ㅇ번지

피신청인(임차인) :　　　ㅇ시　ㅇ구　ㅇ동　ㅇ번지

위 사건에 관하여 매수인은　　　　．　．　　．에 낙찰대금을 완납한 후 채무자 (소유자, 부동산점유자)에게 별지 매수부동산의 인도를 청구하였으나 채무자가 불응하고 있으므로, 귀원 소속 집행관으로 하여금 채무자의 위 부동산에 대한 점유를 풀고 이를 매수인에게 인도하도록 하는 명령을 발령하여 주시기 바랍니다.

　　　　　　　　　　　　　　　　　　　년　　　월　　　일

　　　　　　　　　　매수인　　　　　　　　　(인)
　　　　　　　　　　연락처(☎)

　　　　　　　지방법원　　　　귀중

4. 강제집행

매수인과 점유자의 명도 협상이 이루어지지 않을 경우 부득이 강제집행을 실시해야 한다. 인도명령 신청이 인용되면 인도명령결정문과 송달증명원을 첨부하여 해당법원에 강제집행을 신청하면 신청일로부터 약 1~2주일 안에 집행관들과 함께 낙찰된 집을 방문할 수 있다(계고).

방문했는데 점유자(소유자 및 임차인)가 없는 경우에는 개문할 수 있다. 이때 꼭 성인 2명(신분증 지참)이 있어야 한다. 개문 후에 강제집행 예고장을 부착한다. 그 후에도 연락이 오지 않거나 (많은 이사비용을 요구하는 등) 저항이 있는 경우에는 약 3~7주 후에 강제집행을 할 수 있다. 집행비용은 지역마다 다르다.

1차로 집행관 비용만 받고 강제집행 실시 전에 다시 금액을 환산해서 추가비용을 받는 법원도 있고, 처음부터 모든 비용을 다 받고 진행하는 법원도 있다. 단, 컨테이너 비용(1개당 약 30~40만 원), 사다리차 비용(대략 40~50만 원)은 별도인데, 이것도 지역마다 다르다. 짐 양에 따라 컨테이너가 몇 개 필요한지도 달라진다.

강제집행비용은 평균적으로 평당 10~15만 원 정도로 계산한다. 33평이면 330만 원에서 500만 원 선이다. 이 짐들은 3개월 이상 보관한 후에 유체동산경매로 매각할 수 있지만, 짐을 찾아가지 않을 경우 이삿짐 보관비용을 감당하기 힘들다. 그러므로 처음부터 이사비용을 협의하는 편이 좋다.

낙찰 후 강제집행 절차

```
┌─────────────────────────────────┐
│        인도명령신청              │
│  (대금완납 후 즉시 신청 가능)    │
└─────────────────────────────────┘
              ↓
┌─────────────────────────────────┐
│   서면심리 및 소환에 의한 심문   │
│    (민사집행법 제136조 제4항)    │
└─────────────────────────────────┘
              ↓
┌─────────────────────────────────┐        ┌─────────────────────────────┐
│          인도명령 결정          │  ←──   │     신청 후 2주 내에 결정    │
└─────────────────────────────────┘        └─────────────────────────────┘
              ↓
┌─────────────────────────────────┐        ┌─────────────────────────────┐
│      인도명령결정문의 송달       │  ←──   │            1~2주            │
└─────────────────────────────────┘        └─────────────────────────────┘
              ↓
┌─────────────────────────────────┐
│         송달증면원 발급          │
│       (송달 즉시 발급)           │
└─────────────────────────────────┘
              ↓
┌─────────────────────────────────┐
│         강제집행 신청            │
│  (인도명령결정문+송달증명원)     │
└─────────────────────────────────┘
              ↓
┌─────────────────────────────────┐
│       집행관사무실 접수          │
└─────────────────────────────────┘
              ↓
┌─────────────────────────────────┐
│      집행을 위한 현장조사        │
└─────────────────────────────────┘
              ↓
┌─────────────────────────────────┐
│         집행비용 예납            │
└─────────────────────────────────┘
              ↓
┌─────────────────────────────────┐        ┌─────────────────────────────┐
│       강제집행 기일 통지         │  ←──   │           약 2주            │
└─────────────────────────────────┘        └─────────────────────────────┘
              ↓
┌─────────────────────────────────┐
│      강제(인도)집행 실시         │
└─────────────────────────────────┘
```

강제집행 신청서

신청서를 작성할 때는 집행권원, 집행방법을 기재하며 접수비가 발생한다. 또한 집행권원, 송달증명서, 위임장(해당 시)이 필요하며 강제집행 이후 예납금이 남을 경우 돌려받을 수 있는 환불계좌도 기재하도록 되어 있다. 강제집행 시에는 집행관 수수료, 노무자 수에 따른 용역비, 이사비용(사다리차, 이사차량) 등이 추가 발생한다.

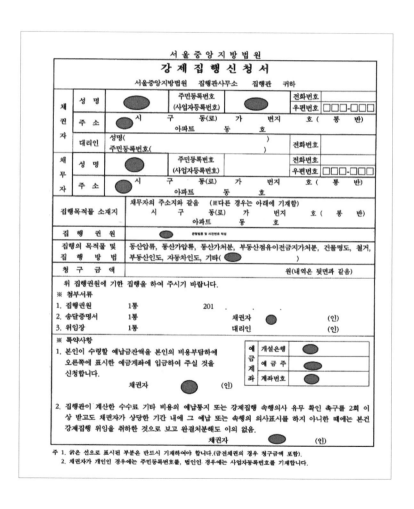

건물인도합의각서

  명도 과정에서 점유자와 협상이 잘 이루어졌다면 명도 당일에 건물인도합의각
서를 받아야 하며 명도 전에 이사날짜, 이사비용 등에 관한 이행각서를 받아 두는
것이 좋다.

건물인도합의각서

  ■ 사건번호 : 2019 타경 1999
목적물 ■ 소재지 : 서울 서초구 서초동 199-9
매수인(낙찰인) : 오 낙 찰

위 건물 임차인 : 김 전 세
주민번호 : 778899-123456
주소 : 서울시 서초구 서초동 199-9

- 합의내용 -

1. 상기 경매사건의 임차인 김 전 세(이하 각서인)는 본인의 책임하에 2019년 10 월 30일까지 직, 간접
적으로 점유하고 있는 위 목적물 소재지상 부동산을 매수인에게 이의 없이 명도한다.

2. 각서인은 명도일까지 관리비, 공과금 등을 본인의 비용으로 정산하기로 하고 목적물에 대한 훼손, 파
괴 없이 점유를 이전키로 한다.

3. 상기 약정일까지 위 각호를 이행하지 않을 때에는 각서인이 점유하고 있는 목적물 소재지 내의 집기,
비품 등 일체를 매수인 혹은 매수인의 대리인이 임의로 개문하여 반출 또는 폐기처분하더라도 이의제
기하지 않을 것을 각서한다.

4. 또한, 2019년 7월 15일 이후부터 명도일까지 소급하여 월세금을 기준하여 임대료를 지불할 것을 각
서한다.

5. 그 외 각서인은 위 각항의 약정을 위반할 경우 매수인의 강제집행에 이의를 제기치 않을 것이며 이로
인해 발생하는 모든 민, 형사상 책임을 지기로 한다.

2019년 8월 15일

위 각서인(임차인) : 김 전 세 (인)
매수인(낙찰인) : 오 낙 찰 (인)

명도확인서

명도 과정에서 명도확인서는 매수자(낙찰자)에게 히든카드라고 할 수 있다. 점유자(임차인)가 배당받아야 할 금액이 있는 경우, 통상적으로 임차보증금을 수령하고자 한다면 매수자의 명도확인서가 반드시 필요하다. 따라서 매수자는 명도 과정에서 이러한 점을 인지하고 점유자와 협상을 하면 비교적 수월하게 명도를 끝마칠 수 있다.

단, 소유주가 배당금액이 있는 경우에는 낙찰자의 명도확인서가 필요하지 않고 신분증과 도장만 있으면 배당금을 수령할 수 있다. 그런데 대부분의 점유자(임차인)는 당장 집을 구할 수 있는 금전적 여유가 없는 경우가 많기 때문에 배당금을 먼저 수령하기 위해 매수자에게 명도확인서를 요구한다.

그러나 매수자가 측은지심에 부동산 인도를 하지 않은 상태에서 명도확인서를 미리 주면 칼자루를 쥐고 있다가 빼앗기는 꼴이 된다. 만약 점유자의 태도가 돌변하게 되면 매수자가 부동산을 인도받기까지 몇 배나 험난한 길을 걸어야 한다. 따라서 양측의 요구를 모두 충족하자면 명도확인서와 해당 부동산의 인도를 동시에 진행하는 것이 합리적이다. 그러나 부득이 명도확인서를 발급해야 하는 경우 신중한 태도와 결정이 필요하다.

점유자(임차인)가 배당을 받기 위해서는 다음과 같은 서류가 필요하다.
- 임대차계약서
- 주민등록등본
- 낙찰자의 명도확인서
- 낙찰자의 인감증명서

명 도 확 인 서

■ 사건번호 : 중앙5계 2019타경1999 부동산임의(강제)경매

이름 : 김전세

주소 : 서울시 강남구 논현동 199-9

위 사건에서 위 임차인은 임차보증금에 따른 배당금을 받기 위해 매수인에게 목적부동산을 명도하였음을 확인합니다.

첨부서류 : 매수인 명도확인용 인감증명서 1통

2019년 10월 30일

매 수 인 오 낙 찰 (인)
연락처(☎) 02-424-1999

서울중앙지방법원 경매5계 귀중

☞유의사항
1) 주소는 입찰기록에 기재된 주소와 같아야 하며, 이는 주민등록상 주소이어야 합니다.
2) 임차인이 배당금을 찾기 전에 이사를 하기 어려운 실정이므로, 낙찰인과 임차인 간에 이사날짜를 미리 정하고 이를 신뢰할 수 있다면 임차인이 이사하기 전에 매수인은 명도확인서를 미리 발급할 수 있습니다.

배당이 중요한 이유

배당이란

집행 법원이 매각 대금에서 집행비용을 공제하고 남은 잔액을 채권자별로 순위에 따라 배당하는 것을 말한다. 매각대금이 채권자들의 채권 요구액보다 많으면 채권자들의 채권을 변제하고 남은 금액은 소유자(채무자)에게 돌려준다. 그러나 대부분의 경우는 매각대금이 총 채권액 변제에 부족하기 때문에 법원은 배당원칙과 배당순위를 정하고 그 순위에 따라 배당을 한다.

배당의 의의

경매 참여자는 채권자의 배당금액이 궁금하지 않더라도 다음 이유로 인해 알아둘 필요가 있다. 첫째, 낙찰 후 부담해야 할 등기상의 권리가 있는지, 보증금을 인수해야 하는 임차인은 없는지 등을 입찰 전에 확인하기 위해서이다. 둘째, 설령 인수 대상의 임차인이 없다 할지라도 명도의 난이도를 사전에 파악하기 위해서이다.

가장 중요한 점은 예상 배당을 해 봄으로써 입찰 예정가와 입찰 시기를 정할 수 있다는 것이다. 감정가격이 10억 원인 경매 물건에 2명이 참여한다고 가정하자. 두 사람이 동일하게 낙찰 예상가격을 9억으로 산정하였을 때 갑이라는 사람이 명도비용으로 1,000만 원을 책정했다면 갑의 입찰 예정 금액은 8억 9,000만 원이다. 반면 을은 명도에 부담을 느껴 명도비용으로 2,000만 원을 책정했다면 을이 참여할 수 있는 금액은 8억 8,000만 원에 불과해 이 두 사람이 동일 물건에서 경합을 벌인다면 결국 갑이 매수자가 되는 것이다.

법원 경매는 낙찰 후 명도까지가 끝이라고 생각하지만 사실상 배당이 끝나야 사건이 종료된다. 매수자(낙찰자)의 매각대금으로 배당순위에 의한 각 채권자의 배당금이 지급되는데 배당요구를 해야만 배당을 받을 수 있는 채권자가 대부분이다. 또한 배당일에 배당이의가 제기되면 경매사건이 중지될 수 있기에 매수자에게 낙찰 이상으로 중요하다.

배당은 곧 명도와 직결되므로 점유자의 배당금 수령이 원활하지 않은 경우 명도 과정이 지연될 수 있다. 배당기일에 법정에 출석해 보면 여러 경매사건이 병합되어 진행되는데 배당순위에 의해 배당금을 받으려는 채권자 및 이해관계인들의 눈빛이 예사롭지 않다. 선순위 채권자의 경우는 여유로우나 후순위 채권자 및 임차인의 경우에는 배당금 수령에 문제가 있을까 봐 마음을 졸이며 숨죽일 수밖에 없다.

매수자 입장에서 낙찰 후 인수되는 사항이 없는 경우에는 배당일이 큰 의미가 없지만 매각대금으로 배당을 받아야 하는 이해관계인의 심정은 한마디로 살얼음판을 걷는다는 표현이 옳을 것이다. 경매 공부를 하다가 배당까지 알게 되면 결국 법원에서 진행되는 빚잔치가 경매임을 깨닫게 될 것이다.

그렇다면 배당에 대해 좀 더 알아보도록 하자.

배당은 배당요구 신청을 해야만 하는 경우와 배당요구를 하지 않아도 당연히 배당되는 채권자가 있다. 이를 경매에서는 당연배당권자와 배당요구권자로 구분한다.

당연배당권자는 다음의 경우이다.

-저당권, 근저당권자, 등기된 임차권자 : 보증금 인수 ×

-첫 경매개시결정등기 전에 등기된 가압류채권자

-첫 경매개시결정등기 전에 체납처분에 의한 국가, 지방단체, 공공단체 등 국세징수법 제56조에 의한 체납처분 등에 대한 압류등기가 있는 경우는 별도의 배당요구가 없어도 배당을 받게 된다(대판 2000다 21154, 대판 99다 22311).

-종전등기부상 부담등기의 권리자 : 예를 들면 담보가등기와 소멸되는 전세권

등이 있는데 사실상 법원에 신고해야 한다. 위의 권리들은 첫 경매개시결정등기 전에 갖춘 자들이다.

배당요구를 해야만 하는 채권자는 다음과 같다.
-임차인 등 세입자
-임금채권자
-세금
-경매기입등기 후에 잡힌 근저당, 저당권, 압류, 가압류, 소멸되는 전세권, 담보 가등기 등

배당기일의 절차

① 배당 절차는 경매법원에서 진행한다.

② 법원 경매계에서 미리 작성된 배당표 원안을 이해관계인과 배당을 요구한 채권자에게 나누어주어 열람하게 한다.

③ 판사가 이해관계인의 출석사실을 확인하고 배당표의 요지를 설명해 준다.

④ 그에 대한 이의 여부를 물어 배당표를 완성, 확정한다.

배당이의

배당기일에 출석한 채무자는 각 채권자의 채권 또는 채권의 순위에 이의를 제기할 수 있고(민사집행법 제151조 1항) 배당기일에 출석한 채권자는 자기의 손해에 관하여 다른 채권자에 대하여 이의를 제기할 수 있다(법 제151조 3항). 배당에 이의가 있으면 본인의 사건이 진행될 때 구두로 "배당이의 있습니다."라고 진술하는 형식으로 재판이 진행된다.

다만 채무자는 법원의 배당표 원안이 비치된 이후 배당기일이 끝날 때까지 서면으로 이의를 제기할 수 있다(법 제151조 2항). 즉 배당표에 대하여 이의를 제기하려면 반드시 배당기일에 법정에 출석하여 배당이의가 있음을 구두로 진술하여야 한다. 미리 배당이의신청서를 제출했다 할지라도 채권자의 경우 반드시 법정에 출석하여 진술하여야 한다. 여기서 말하는 채권자란 배당요구임차인을 포함하며, 채무자는 부동산의 소유자를 포함한다.

배당에 이의가 있으면 그 부분에 한하여 배당표가 확정되지 않고 배당이 중지되나(민사집행법 제152조) 배당기일에 출석한 이해관계인과 배당을 요구한 채권자 사이에 합의가 이루어지면 법원은 합의에 따라 배당표를 고쳐서 작성한 뒤 배당을 실시한다(법 제152조 2항). 배당기일에 출석하지 않은 채권자는 배당표 실시에 동의한 것으로 본다(법 제153조).

배당이의를 제기할 때 주의해야 할 점은 배당기일에 배당이의가 받아들여져 배당이 중지된 경우 배당기일로부터 7일 이내에 정식소송을 제기하고, 소제기증명원을 경매법원에 제출하여야 비로소 배당이의가 완결된다. 여기서 정식소송이란 배당이의의 소와 청구이의의 소를 말한다. 만약 7일 이내에 소를 제기하지 않으면 배당이의를 취하한 것으로 간주하며 배당표는 확정되고 당사자에게 배당이 실시된다.

배당이의의 소

소유자나 채무자가 근저당권 등 담보권을 가진 채권자에게 배당이의를 제기한 경우에는 배당이의의 소를 제기해야 한다. 경매를 실시한 법원에 배당이의의 소를 제기하고, 소제기증명서를 발급받아 경매법원 담당 경매계에 제출하면, 배당이의는 완결되고 정식소송 절차로 넘어간다. 채권자들(임차인들 포함) 사이에 배당이의가 제기된 경우에도 배당이의의 소로 다투어야 한다.

청구이의의 소(경매 집행정지)

소유자나 채무자가 판결채권이나 공정증서 등 집행력이 있는 채권에 대하여 배당이의를 진술한 경우에는 집행력을 배제하기 위한 별도의 소송인 청구이의의 소를 제기하여야 한다. 소유자나 채무자의 소재지 관할법원에 청구이의의 소를 제기하고, 별도로 집행정지결정을 받아 소제기증명서와 함께 경매법원에 제출하여야 한다. 이것은 배당과 무관하다.

배당의 실시

채권자 및 채무자로부터 적법한 이의가 없는 경우, 또는 배당기일에 출석하지 않아 배당표와 같이 배당을 실시하는 데에 동의한 것으로 보는 경우(민사집행법 제153조 1항)에는 법원이 작성한 배당표 원안이 그대로 확정되므로 그에 따라 배당을 실시한다.

배당금 지급 절차

1. 담당 경매계에서 법원보관금 출금명령서에 배당표 사본을 첨부하여 담임법관의 날인을 받은 후, 이를 채권자에게 교부해 준다.
2. 채권자는 공탁계로 가서, 교부받은 출금명령서를 출납공무원에게 제출하여 이를 다시 출금지시서로 교환한다(공탁규칙 39호).
3. 취급점인 법원 구내은행에 출금지시서를 제출하여 배당금을 출금 받는다.

배당순위

0순위 : 경매비용, 민법 제367조 규정에 의한 필요비, 유익비
1순위 : 주택 및 상가임차인의 최우선변제금, 근로자의 3개월치 임금채권 및 최

종 3년치 퇴직금, 당해세

　　2순위 : 우선변제권자(배당순위)

　　3순위 : 보통변제권자

　　참고로 물권은 우선변제권이 있다. 우선변제권이란 후순위 권리자보다 우선하여 채권을 변제받을 권리를 의미한다.

　　여기서 용어상 '우선'이 표시되는 것에 대하여 간단히 짚고 넘어 가겠다. '우선'이라는 말이 들어가는 경우 항상 상대가 있다.

　　-최우선변제권 : 우선변제권자보다 먼저 변제받는 것을 의미하며, 상대는 우선변제권자이다.

　　-우선변제권 : 후순위 권리자보다 자기 채권을 먼저 변제받을 수 있는 권리를 의미한다. 따라서 우선변제권은 소급효과가 없다. 상대는 후순위 권리자이다.

　　-당해세 우선원칙 : 국세와 지방세 중 당해세는 우선변제권을 가지는 권리보다 먼저 배당받는다. 소액임차인 〉 당해세 〉 우선변제권 순이다.

　　-물권우선주의 : 물권과 채권이 충돌할 경우 물권이 채권을 이기는 것이 원칙이나, 때로는 물권과 채권이 동순위의 지위를 가지는 경우도 있다. 즉 가압류(채권) → 근저당권(물권)의 경우 이들은 동순위의 지위를 가진다.

　　-특별법 우선원칙 : 일반법과 특별법이 충돌할 경우 특별법이 일반법에 우선한다. 예를 들면 주택의 경우 소유권 변동은 민법 중 물권변동이다. 민법은 일반법이나 주택임차인의 경우 특별법인 주택임대차보호법의 적용을 받아 주택의 소유권이 변동되더라도 임차인은 새로운 소유자와 재계약을 체결하지 않았더라도 계약만료 후 새로운 소유자에게 보증금을 반환받을 권리가 있다.

배당금이 공탁되는 경우

① 가압류 채권자의 미확정 채권에 대한 배당금

② 배당이의 소송 미완결의 채권에 대한 배당금

③ 배당받을 채권자가 불출석한 경우 - 10일 동안 지급 청구를 기다린 후 공탁한다.

④ 저당권 설정의 가등기권리자에 대한 배당금

⑤ 정지조건부 채권일 때 - 명도를 조건으로 배당하는 주택임차인의 우선변제권, 최우선변제권이나 전세권자의 경우에는 배당금이 공탁된다.

⑥ 집행력 있는 정본에 의하지 않고 배당요구한 채권을 채무자가 승낙하지 않을 때 - 채권 확정의 소가 확정될 때까지 공탁한다.

의정부지방법원 고양지원
배 당 표

사 건 　　■■■타경.　 부동산임의경매

배 당 할 금 액		금	429,079,611
명 세	매 각 대 금	금	428,510,000
	지연이자 및 절차비용	금	214,265
	전경매보증금	금	0
	매각대금이자	금	355,346
	항고보증금	금	0
집 행 비 용		금	4,430,710
실제배당할 금액		금	424,648,901

매각부동산	별지와 같음		
채 권 자	이■	주식회사■■은행	김■
채 권 금 액	원 금	1,000,000	290,000,000	180,000,000
	이 자	0	31,729,196	0
	비 용	0	0	0
	계	1,000,000	321,729,196	180,000,000
배 당 순 위	1	2	3
이 유	임차인(소액)	근저당권자	채권자(근저당)
채 권 최 고 액	0	324,000,000	350,000,000
배 당 액	1,000,000	321,729,196	101,919,705
잔 여 액	423,648,901	101,919,705	0
배 당 비 율	100.00%	100.00%	56.62%
공 탁 번 호 (공 탁 일)	금제　　호 (　.　.　)	금제　　호 (　.　.　)	금제　　호 (　.　.　)

■■■.■.■

사 법 보 좌 관　 ■

등 본 입 니 다.
위기 20■■ ■월■일

1-1

경매사건 배당표 등본

106

공매란 무엇인가?

　법원 경매도 모르는데 공매 투자가 가능한가? 공매라고 해서 특별한 것이 없기에 경매와의 차이점만 알면 도전할 수 있다.

　경매와 공매가 다른 점은 크게 보면 집행기관과 명도책임 차이로 압축할 수 있다. 실무상 가장 큰 차이점은 공매로 진행되는 부동산 물건은 경매에 비해 현저히 적다는 것이다. 이러한 이유로 공매에 큰 관심이 없으나 간혹 눈에 띄는 매물이 나오는 경우가 있으니 희망의 끈을 놓으면 안 된다.

　공공기관이 주체가 되어 실시하는 경매를 공매라 하는데, 이 기관들로부터 위임을 받은 자산관리공사가 압류재산, 국유재산, 수탁재산, 유입자산 등을 공개 경쟁하여 처분한다. 부동산, 차량, 불용품, 유가증권, 회원권 등이 공매 대상이 된다. 경쟁입찰 방식이나 수의계약에 의하여 매각하거나 임대하여 처분한다. 입찰방식에는 현장입찰 또는 인터넷 입찰이 있다.

　공매란 세금을 내지 않아 정부기관에 압류된 부동산이나, 공기업 또는 금융기관이 자신들의 업무와 관계없이 가지고 있는 부동산을 법원 경매처럼 공개적으로 파는 것을 말한다. 공매물건은 온비드 www.onbid.co.kr에서 열람할 수 있다. 해당 사이트에서는 절차 및 참여방법에 대해서도 상세하게 설명하고 있다.

법원 경매와 공매(압류재산)의 차이점

구분	경매 (법원)	공매 (한국자산관리공사)
근거법률	민사집행법 (금전채권을 법원의 재판을 통해 회수)	국세징수법 (체납세액 징수를 위한 행정처분)
입찰방식	현장입찰, 우편입찰	인터넷 입찰
임대차내용	집행관의 임대차 현황조사 보고서 있음	별도의 자료 없음
공유자 우선제도	우선매수제도 있음 (최고매수신고가격)	우선매수제도 없음
배당요구종기일	첫 매각기일 이전	배분계산서 작성시까지.
유찰시 최저 입찰가	통상적으로 이전회차의 20~30%씩 체감	2회차부터 최초 매각예정가의 10%씩 체감해 50%까지 진행 (50%에도 팔리지 않을 때는 새 매각가격 결정)
대금납부 기한	일시불 (확정일로부터 1개월 이내)	일시불 (1000만원 미만은 결정일로부터 7일 이내, 이상은 60일 이내)
명도책임	매수자 (인도명령)	매수자 (명도소송)
차순위 매수신고	있음	없음
잔금 내지 않았을 때	같은 물건에 재입찰 불가	같은 물건에 재입찰 가능

자료:한국자산관리공사

공매에 관해 궁금한 것들

부동산은 크게 법원을 통해 진행되는 경매와 한국자산관리공사의 온비드를 통해 진행되는 공매로 나뉜다. 이 2가지는 비슷하면서도 미묘하게 다르다. 이 때문에 경매를 어느 정도 아는 사람들도 간혹 공매로 실수를 하는 경우가 있다. 공매물건 중 압류물건을 중심으로 경매와 다른 점을 설명하자면 다음과 같다.

진행방식

정해진 기일(최근에는 기간입찰방식도 꾸준히 늘고 있다.)에 법원에 참여하는 경매와 달리 공매는 물건의 종별에 따라 입찰하는 방식이 다양하다. 그중에서도 압류물건의 경우는 온비드를 통해 전자입찰방식을 취한다. 입찰은 월요일 오전 10시부터 수요일 오후 5시까지로 항상 일정하게 진행되며 결과는 목요일 오전 11시가 지나면 알 수 있다. 따라서 공매는 항상 법정에 참석해야 하는 기일경매와 달리 컴퓨터와 공인인증서만 있으면 어디서나 정해진 시간 내에 입찰을 할 수 있다.

진행물건의 양

경기가 좋지 않고 금리가 오르면 자연히 경매나 공매는 시차를 두고 물건이 증가한다. 그런데 압류물건이 대부분인 공매는 그 진행건수가 경매의 1/10에도 미치지 못한다. 실제 온비드 제공자료에 의하면 약 1/10에 가까운데 공매는 압류금액이 미미한 경우가 많고 진행 도중 해제되는 경우가 매우 많아 실제로 낙찰되어 끝까지 진행되는 경우는 경매진행 건에 비해 5%도 되지 않는다. 따라서 마음에 드는 물건이 있더라도 충분히 해제될 가능성을 염두에 두고 입찰에 임해야 한다.

가감률과 경쟁률

1회 유찰할 때마다 20~30%씩 저감되는 경매와 달리 공매는 감정가액 기준으로 일주일마다 10%씩 저감되어 진행된다. 따라서 공매보다는 경매가 최저가액으로 보았을 때 더 저렴하게 매입할 수 있을 것 같다. 그러나 기본적으로 공매나 경매나 정보가 충분히 공개된 요즘 시장에서는 같은 물건이라면 낙찰가액은 큰 차이가 없다. 다만 최근까지는 익숙지 않은 공매보다는 경매에 많이 몰리면서 경쟁이 심했으나 온라인의 편의성이 높아지면서 공매도 경매 못지않은 경쟁률을 보인다.

인도명령과 명도소송

경매는 인도명령제도로 인해 잔금납부 후 점유자와의 협의가 많이 수월해졌으나 공매의 경우는 명도소송을 거쳐야 집행이 가능한 점을 악용하여 낙찰자를 괴롭히는 경우가 종종 있다. 따라서 배당을 받는 임차인이 점유 중이라면 경매든 공매든 큰 차이가 없으나 채무자나 보증금을 잃는 임차인이 점유 중인 공매 건이라면 경매보다는 조금 더 기회비용을 감안해야 한다. 더불어 공매의 경우에는 잔금납부와 동시에 명도소송을 준비하는 것이 필수이다.

배당요구종기일

경매의 경우 배당요구종기를 지나서 권리신고한 임차인은 배당에 참여할 수가 없다. 그래서 대부분의 임차인이 배당요구신청을 성실히 이행하기 때문에 입찰자 입장에서는 정확한 권리분석과 향후 명도 문제가 명확해진다. 그러나 공매의 경우에는 배당요구종기가 없어 상당수의 임차인이 권리신고를 이행하지 않아 입찰자 입장에서 권리분석이 어려운 경우가 많다.

보증금

경매는 최저입찰가의 10%를 입찰봉투에 현금 또는 자기앞수표로 넣으면 되고, 공매는 전자입찰을 마친 뒤 본인이 입찰한 가격의 10%를 부여받은 지정계좌로 입금하면 된다.

배당기준일

공매의 경우 민사집행법에 의한 경매 절차에서 등기부상에 경매개시결정등기하는 방법과 달리 등기부상 공시할 수 있는 방법이 없다. 따라서 공매는 최초 공매공고일 이전 세입자로서 배분기일 전까지 권리신고한 세입자에 한하여 배분한다.

배분기준일

체납압류재산공매의 경우 민사집행법에 의한 경매 절차에서 등기부상에 경매개시결정등기하는 방법과 달리 등기부상 공시할 수 있는 방법이 없다. 경매에서와 같은 배당요구종기일이 없고 국세징수법에서는 배분요구를 배분표 작성 전까지할 수 있도록 하고 있다. 따라서 공매는 최초 공매공고일 이전에 대항 요건을 갖춘경우로서 배분표 작성 전까지 권리신고 및 배분요구한 임차인에 한하여 국세징수법에 의거하여 배분한다. 최초 공매공고일 이전에 대항 요건을 갖춘 소액임차인에해당되는 경우에는 소액임차보증금 중 일정액을 우선변제받을 수 있다.

이 외에도 매각결정, 잔금납부기한, 취하, 대출 시 등기 문제 등 여러 차이가 있으나 반드시 알아야 할 큰 차이점을 확인해 보았으니 부디 사고 없이 공매 또한 잘활용하길 바란다.

공매 참여 시 주의할 점

경매와 공매 절차가 동시에 진행될 경우 경매와 공매를 별도의 환가조치로서 한 사람이 동시에 입찰하는 것도 가능하며 두 절차 중에서 매각대금을 먼저 납부한 자가 소유권을 취득한다.

체납압류재산의 경우 공매에서 낙찰자가 결정되었다 하더라도 낙찰자가 매각결정서 수령 전에 체납자 또는 제3자가 세금 및 가산금과 체납분을 완납하면 매각결정을 취소할 수 있다. 낙찰자 결정 및 매각결정서 교부 후 공매잔대금 납부 전까지는 체납자가 낙찰자의 동의를 받으면 입찰보증금은 즉시 낙찰자에게 반환된다. 매수자가 동의하지 않으면 체납자는 체납액을 납부하고 싶어도 할 수가 없다.

입찰표 작성 방법과 주의사항

　　해당법원에 제시간에 출석하여 입찰표를 작성해야 한다. 통상 오전 10시부터 경매 입찰이 시작된다.

경매 입찰 시 준비사항

공통

매수신청보증금(최저매각대금의 10%, 재매각일 경우 보통은 20~30%이다. 법원마다
다르니 확인해야 한다.)

① 본인이 입찰할 경우

-신분증(주민등록증, 운전면허증, 여권 등)

-도장

② 개인의 대리인이 입찰할 경우

-본인의 인감증명서와 본인의 인감이 날인된 위임장

-대리인의 도장, 대리인의 신분증

③ 법인 명의로 대표이사 본인이 입찰에 참가할 경우

-법인의 등기부등본

-대표이사의 신분증, 대표이사의 도장

④ 법인 명의로 대리인이 입찰에 참가할 경우

-법인의 등기부등본

-법인 인감증명서, 위임장

-대리인의 신분증, 대리인의 도장

⑤ 법정대리인이 무능력자를 대리하여 입찰할 경우

-법정대리인의 신분증

-법정대리인임을 증명하는 서류(가족관계증명서, 주민등록 등·초본 등)

-대리인의 도장

⑥ 2인 이상이 공동으로 입찰하고자 할 때 준비 서류

-공동입찰신고서(구법사건일 경우 : 입찰하기 전에 집행관에게 사전 신고 필요)

-공동입찰자 목록(상호간의 지분 표시)

-불참자의 인감증명서

-불참자의 인감이 날인된 위임장

-참석자의 신분증과 도장

-매수신청보증금(최저매각대금의 10%, 재매각일 경우 보통은 20~30%이다. 법원마다 다르니 확인해야 한다.)

⑦ 인감증명서는 발급일로부터 6개월이 넘으면 안 된다.

-인감증명서의 도장과 인감도장이 다르거나, 기재사항을 흐릿하게 쓰거나, 고쳐 쓴 흔적이 있는 경우, 두 번 겹쳐 쓴 경우, 애매하게 쓴 경우에는 낙찰이 되더라도 패찰 처리된다. (틀린 경우에는 새 종이에 다시 써야 한다.)

입찰 당일 절차

① 관할법원 입찰법정 도착

② 입찰법정 입찰게시판에 공지된 입찰 물건의 연기 또는 취하 여부 확인

③ 입찰장에 입장하여 집행관의 안내를 듣고 입찰표와 입찰보증금봉투 및 입찰봉투 수령

④ 입찰법정 내에 있는 입찰물건의 매각물건명세서, 현황조사서, 감정평가서 확인

⑤ 입찰표 작성 후 입찰보증금 봉투를 넣고 신분증과 입찰봉투를 집행관에게 제출

⑥ 입찰자용 수취증을 받고 입찰함에 입찰봉투 투입

⑦ 입찰 마감 후 개찰 준비

⑧ 개찰 및 최고가매수인(낙찰자) 결정, 패찰 및 유찰 확인

⑨ 입찰 종결

힘든 과정을 거쳐 낙찰의 기쁨을 만끽하기도 전에 입찰당일 어이없는 실수를 하는 경우가 있다. 경매 입찰은 해당법원에서 공지한 마감 시간까지 투찰을 해야 한다. 단 1초라도 늦으면 참여 기회를 박탈당하기 때문에 시간을 엄수하여야 한다. 또한 입찰표 작성 실수로 인하여 보증금을 몰수당하거나 무효가 되는 경우가 있다. 다음 3가지 사례는 현장에서 가장 많이 발생하는 무효 사례이므로 입찰 전에 꼼꼼하게 확인해야 한다.

물건번호 오표기

사건번호 외에 물건번호를 잘못 기재하는 경우가 의외로 많이 발생하는데 경매 당일 해당 법원에 일찍 도착하여 입찰표 작성에 집중하여야 한다.

입찰금액을 실수로 단위를 하나 더 기입

입찰가를 수정하거나 입찰표를 잘못 작성해서 무효 처리가 되는 경우보다 입찰 금액 중 동그라미를 하나 더 그리는 경우는 잔금을 낼 수가 없어 입찰보증금을 몰수당하는 경우가 비일비재하다.

예) 520,000,000원 → 5,200,000,000원

대리인 입찰 시 서류 미비

본인을 대리하여 경매 입찰에 참여할 경우 본인의 인감증명서 제출과 위임장에 본인의 인감도장을 날인하여야 한다.

(앞면)

기 일 입 찰 표

서울서부지방법원 본원 집행관 귀하   입찰기일 : 2019 년 10 월 01 일

사건 번호		2018 타경 6439		물건 번호	1 ＊물건번호가 여러개 있는경우에는 꼭기재		

입 찰 자	본인	성명			(인)	전화번호	
		주민(사업자) 등록번호				법인 등록번호	
		주소					
	대리인	성명			(인)	본인과의 관계	
		주민등록번호				전화번호	
		주소					

입 찰 가 격	천 억	백 억	십 억	억	천 만	백 만	십 만	만	천	백	십	일	원	보 증 금 액	백 억	십 억	억	천 만	백 만	십 만	만	천	백	십	일	원

보증의 제공방법 : ☑현금 · 자기앞수표 ☐보증서

보증을 반환 받았습니다.

입찰자   (인)

주의사항

1. 입찰표는 물건마다 별도의 용지를 사용하십시오, 다만, 일괄입찰시에는 1매의 용지를 사용하십시오.
2. 한 사건에서 입찰물건이 여러개 있고 그 물건들이 개별적으로 입찰에 부쳐진 경우에는 사건번호외에 물건번호를 기재하십시오.
3. 입찰자가 법인인 경우에는 본인의 성명란에 법인의 명칭과 대표자의 지위 및 성명을, 주민등록란에는 입찰자가 개인인 경우에는 주민등록번호를, 법인인 경우에는 사업자등록번호를 기재하고, 대표자의 자격을 증명하는 서면(법인 등기부 등·초본)을 제출하여야 합니다.
4. 주소는 주민등록상의 주소를, 법인은 등기부상의 본점소재지를 기재하시고, 신분확인상 필요하오니 주민등록증을 꼭 지참하십시오.
5. **입찰가격은 수정할 수 없으므로, 수정을 요하는 때에는 새 용지를 사용하십시오.**
6. 대리인이 입찰하는 때에는 입찰자란에 본인과 대리인의 인적사항 및 본인과의 관계 등을 모두 기재하는 외에 본인의 위임장(입찰표 뒷면을 사용)과 인감증명을 제출하십시오.
7. 위임장, 인감증명 및 자격증명서는 이 입찰표에 첨부하십시오.
8. 일단 제출된 입찰표는 취소, 변경이나 교환이 불가능합니다.
9. 공동으로 입찰하는 경우에는 공동입찰신고서를 입찰표와 함께 제출하되, 입찰표의 본인란에는"별첨 공동입찰자목록 기재와 같음"이라고 기재한 다음, 입찰표와 공동입찰신고서 사이에는 공동입찰자 전원이 간인 하십시오.
10. 입찰자 본인 또는 대리인 누구나 보증을 반환 받을 수 있습니다.
11. 보증의 제공방법(현금·자기앞수표 또는 보증서)중 하나를 선택하여 ☑표를 기재하십시오.

입찰표 작성 시 주의사항

① 입찰표는 물건마다 별도의 용지를 사용한다. 다만, 일괄입찰 시에는 1매의 용지를 사용한다.

② 한 사건에서 입찰물건이 여러 개 있고 그 물건들이 개별적으로 입찰에 부쳐진 경우에는 사건번호 외에 물건번호를 기재한다.

③ 입찰자가 법인인 경우에는 본인의 성명란에는 법인의 명칭과 대표자의 지위 및 성명을, 주민등록란에는 입찰자가 개인인 경우에는 주민등록번호를, 법인인 경우에는 사업자등록번호를 기재하고, 대표자의 자격을 증명하는 서면(법인 등기부 등·초본)을 제출하여야 한다.

④ 주소는 주민등록상의 주소를, 법인은 등기부상의 본점 소재지를 기재하고, 신분확인상 필요하니 주민등록증을 꼭 지참한다.

⑤ 입찰가격은 수정할 수 없으므로 수정해야 할 때에는 새 용지를 사용한다.

⑥ 대리인이 입찰하는 때에는 입찰자란에 본인과 대리인의 인적사항 및 본인과의 관계 등을 모두 기재하는 외에 본인의 위임장(입찰표 뒷면을 사용)과 인감증명을 제출한다.

⑦ 위임장, 인감증명 및 자격증명서는 입찰표에 첨부한다.

⑧ 일단 제출된 입찰표는 취소, 변경이나 교환이 불가능하다.

⑨ 공동으로 입찰하는 경우에는 공동입찰신고서를 입찰표와 함께 제출하되, 입찰표의 본인란에 "별첨 공동입찰자목록 기재와 같음"이라고 기재한 다음, 입찰표와 공동입찰신고서 사이에 공동입찰자 전원이 간인한다.

⑩ 입찰자 본인 또는 대리인 누구나 보증을 반환받을 수 있다.

⑪ 보증의 제공방법(현금·자기앞수표 또는 보증서) 중 하나를 선택해 표를 기재한다.

위 임 장

대리인	성명	(인)	직업	
	주민등록번호		전화번호	
	주소			

위 사람을 대리인으로 정하고 다음 사항을 위임함.

- 다 음 -

서울서부지방법원 본원 　　　2018 타경 6439호 물건번호 1 　부동산

경매사건에 관한 입찰행위 일체

본인 1	성명	(인)	직업	
	주민등록번호		전화번호	
	주소			

본인 2	성명	(인)	직업	
	주민등록번호		전화번호	
	주소			

본인 3	성명	(인)	직업	
	주민등록번호		전화번호	
	주소			

* 본인의 인감 증명서 첨부
* 본인이 법인인 경우에는 주민등록번호란에 사업자등록번호를 기재

서울서부지방법원 본원 귀중

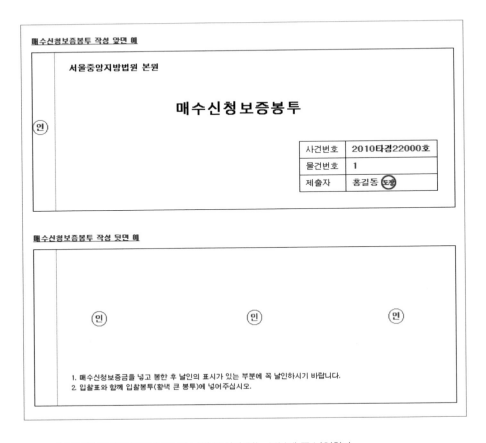

서울중앙지방법원 본원

매수신청보증봉투

사건번호	2010타경22000호
물건번호	1
제출자	홍길동

매수신청보증봉투 작성 뒷면 예

1. 매수신청보증금을 넣고 봉한 후 날인의 표시가 있는 부분에 꼭 날인하시기 바랍니다.
2. 입찰표와 함께 입찰봉투(황색 큰 봉투)에 넣어주십시오.

1. 매수신청보증금을 넣고 봉한 후 날인 표시가 있는 부분에 꼭 날인한다.

2. 입찰표와 함께 입찰봉투(황색 큰 봉투)에 넣는다.

입찰자용 수취증
서울중앙지방법원 본원
(연결번호   번)

주위 : 이부분을 절취하여 보관하다가 매수신청보증금을 반환 받을 때 제출하십시오.
분실시에는 보증금을 반환받지 못할 수가 있으니 주의하십시오.

──── 절 ─────── 취 ──[집행관인]── 선 ────

이부분 뒷면에는
풀칠을 하지 마십시오.

서울중앙지방법원 본원(연결번호   )번

──── 접 ─────── 는 ─────── 선 ────

입

사건번호	2010타경22000호
물건번호	1
제출자	홍길동

찰

──── 접 ─────── 는 ─────── 선 ────

봉

투

1. 입찰보증금봉투와 입찰표를 넣고 호치키스로 봉하십시오.
2. 입찰자용 수취증의 절취선에 집행관의 날인을 받으십시오.
3. 사건번호를 타인이 볼 수 없도록 접어서 입찰함에 넣으십시오.

입찰자용 수취증 부분을 절취하여 보관하다가 매수신청보증금을 반환받을 때 제출한다.

분실 시에는 보증금을 즉시 반환받지 못할 수가 있으니 주의해야 한다.

1. 입찰보증금봉투와 입찰표를 넣고 스테이플러로 봉한다.

2. 입찰자용 수취증의 절취선에 집행관의 날인을 받는다.

3. 사건번호를 타인이 볼 수 없도록 접어서 입찰함에 넣는다.

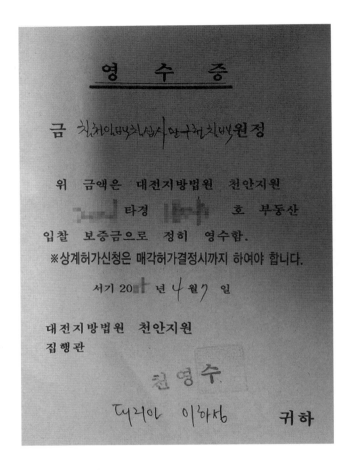

경매 입찰자가 낙찰을 받게 되면 입찰보증금 영수증을 받게 된다.

낙찰 후 45일 안에 잔금을 납부해야 하기 때문에 잔금일 전까지 자금 계획을 잘 세워야 한다.

법원별 입찰 마감시간

지역	지방법원	입찰 마감시간
서울	중앙지방법원	오전 11 : 10
	동부지원법원	오전 11 : 10
	서부지방법원	오전 11 : 10
	남부지방법원	오전 11 : 10
	북부지방법원	오전 11 : 10
인천	인천지방법원 본원	오전 11 : 20
	인천지방법원 부천지원	오전 11 : 10
경기도	의정부지방법원 본원	오전 11 : 50
	의정부지방법원 고양지원	오전 11 : 20
	수원지방법원 본원	오전 11 : 40
	수원지방법원 성남지원	오전 11 : 10
	수원지방법원 여주지원	오전 11 : 10
	수원지방법원 평택지원	오전 11 : 30
	수원지방법원 안산지원	오전 11 : 40
	수원지방법원 안양지원	오전 11 : 40

특수물건으로
고수익을 노려라

보통 경매 투자를 해 본 사람이라면 일반적인 경매 물건보다 좀 더 고수익 창출이 가능한 물건을 찾고자 한다. 그래서 너도나도 특수물건을 공부하고 특별한 수익을 원한다.

사실 특수물건이라는 정식 명칭은 존재하지 않지만 경매 실무에서 난이도 있는 물건을 지칭하는 표현이라고 보면 된다. 주로 유치권이 신고된 물건, 지분으로 경매가 진행되는 물건, 선순위 임차인 물건, 법정지상권 경매 물건 등 다양한 경매사건이 있는데 여기서는 크게 3가지 사안을 다루고자 한다.

특수물건을 접하고자 하는 사람들에게 한 가지만 당부하자면 확실하지 않은 입찰 참여는 큰 화를 불러일으킬 수 있다는 점이다. 배보다 배꼽이 더 큰 경우가 발생하지 않도록 신중하게 접근해야 하는 분야이다.

앞에서도 수차례 언급하였지만 쓸데없는 자만심과 일확천금을 꿈꾸는 부동산 재테크는 결코 오래갈 수 없다는 것을 다시 한 번 기억하길 바란다.

유치권 신고 물건 공략법

수많은 경매사건 중에 유치권신고가 되어 있는 물건을 심심치 않게 볼 수 있다. 유치권이 신고된 경매 물건은 대출의 제한이 있으며 낙찰 후 인수사항 여지가 있기 때문에 입찰 전에 철저한 조사가 필요하다.

유치권은 타인의 물건이나 유가증권을 점유한 자가 그 물건이나 유가증권에 관하여 생긴 채권이 변제기에 있는 경우에 그 채권을 변제받을 때까지 그것을 유치할 수 있고 인도하기를 거절할 수 있는 권리를 말한다.

유치권은 모두 허위라든가, 배제 신청된 물건은 쉽다는 말이 있는데 경매 물건 중 유치권이 성립하는 경우는 현장 상황에 따라 모두 다르기 때문에 단정적으로 판단할 수는 없다. 다음 Q&A를 통해 유치권 물건에 대한 이해를 높이고 유치권신고된 물건도 도전해 볼 수 있기를 바란다.

Q. 유치권자가 주장할 수 있는 권리는 어떠한 것들이 있는가?

A. 1. 유치물을 경매 신청할 수 있다.

2. 보존에 필요한 범위 내에서 유치물을 사용할 수 있다.

3. 과실(이자 등)을 수취하여 그 채권에 먼저 충당할 수 있다.

4. 채무의 변제를 받을 때까지 목적물의 점유를 계속하면서 인도를 거절할 수 있다.

5. 우선변제권은 없다. 다만 변제받기 전에는 목적물의 인도를 거절할 수 있으므로 사실상 우선변제의 효력이 있다.

Q. 유치권에 대한 채권이 발생함과 동시에 유치물을 점유해야 하는가?

A. 유치권에 의해 담보하려는 채권은 물건 그 자체에 대하여 발생한 채권이어야 한다. 즉 물건과 채권은 견련성이 있어야 유치권이 성립한다. 그러나 물건의 점유와 채권 간에는 견련성이 요구되지 않는다. 예컨대 유치권이 성립하는 채권이 유치권자가 목적물건의 점유 중에 발생한 것은 물론이고 목적물건을 점유하기 이전에 발생하고 어떠한 사정으로 인하여 점유는 그 이후에 한 경우에도 유치권은 성립한다.

Q. 유치권의 성립 요건 중 물건에 대한 점유의 의미와 판단기준은 무엇인가?

A. 점유란 물건이 사회통념상 점유자의 사실적 지배에 속한다고 보이는 객관적 관계에 있는 것을 말한다. 사실상의 지배가 된다고 하기 위해서는 반드시 물건을 물리적·현실적으로 지배하는 것만을 의미하는 것이 아니고, 물건과 사람과의 시간적·공간적 관계와 본 건과의 관계, 타인 지배의 배제 가능성 등을 고려하여 사회관념에 따라 합목적으로 판단해야 한다.

Q. 유치권자가 점유를 상실하면 유치권은 상실하는가?

A. 목적물의 점유는 유치권의 성립 요건일 뿐만 아니라 존속 요건이기도 하므로 유치권자가 점유를 잃으면 유치권은 소멸한다(민법 제328조). 그러나 유치권자가 불법으로 점유를 침탈당한 경우 1년 내에 점유회수의 소를 제기하여 점유를 다시 회수할 수 있다.

Q. 소유자 동의 없이 유치권자로부터 목적물을 임차한 자의 점유는 적법한가?

A. 유치권자가 임차인에게 소유자의 동의 없이 유치물을 임차한 경우 임차인의 점유는 매수인에게 대항할 수 없다. 유치권의 성립 요건인 유치권자 점유는 직접 점유이든 간접점유이든 관계없지만 유치권자는 채무자의 승낙 없이 그 목적물을 타인에게 임대할 수 있는 처분권한이 없다. 따라서 이 경우 유치권의 목적물을 임차한 자의 점유는 매수인에게 대항할 수 있는 권원에 기한 것이라 볼 수 없다.

Q. 유치권자가 목적물을 타인에게 임대한 경우에도 유치권이 인정되는가?

A. 유치권의 성립 요건인 점유는 직접점유이든 간접점유이든 상관없지만, 유치권자는 채무자의 승낙이 없는 이상 유치물을 타인에게 임대할 수 있는 처분권한이 없다. 유치권자의 그러한 임대행위는 소유자의 처분권한을 침해하는 것으로서 소유자에게 임대의 효력을 주장할 수 없다. 따라서 소유자의 동의 없이 유치권자로부터 유치권의 목적물을 임차한 자의 점유는 '매수인에게 대항할 수 있는 권원'에 기한 것이라고 볼 수 없다. 즉 위와 같은 경우에는 유치권이 성립되지 않는다.

Q. 유치권을 주장하는 자의 점유가 불법점유인 경우 유치권은 성립되지 않는가?

A. 유치권 성립 요건 중의 하나인 점유는 불법행위로 인하여 취득한 것이 아니

어야 한다. 따라서 권원 없이 타인의 물건을 사용하는 자가 그 물건에 관하여 유익비 또는 필요비를 지출한 경우 그 비용상환청구권에 대하여 유치권을 주장할 수 없다. 유치권자가 약속어음과 공정증서를 받고 아무 조건 없이 명도하겠다는 내용의 서면을 주었다면, 이후의 점유는 불법점유로 유치권의 효력이 없어 명도의 의무가 있다. 건물임차인이 임대차계약의 해제·해지 후에도 계속 건물을 불법점유하고 그 기간에 필요비나 유익비를 지출하더라도 그 상환청구권에 관하여는 유치권이 성립되지 않는다. 점유가 불법행위에 의해서 시작되었다는 것은 소송과정에서 목적물의 반환을 청구하는 원고(채무자)가 입증하여야 한다.

Q. 유치권자로부터 임차하여 점유하는 자는 인도명령의 상대방이 되는가?

A. 유치권자가 소유자의 승낙 없이 목적물을 임대 또는 담보로 제공한 경우 유치권자의 간접점유는 계속되고 있으므로 그런 사실만으로 유치권은 소멸되지 않고 채무자가 유치권소멸청구를 해야 유치권은 소멸한다(민법 제324조의 2항, 3항). 그러나 유치권자는 채무자의 승낙 없이 목적물을 타인에게 임대할 수 있는 처분권한이 없으므로 유치권자의 그러한 행위는 소유자에게 그 임대의 효력을 주장할 수 없다. 따라서 소유자의 승낙 없이 유치권자로부터 유치권의 목적물을 임차한 자의 점유는 매수인에게 대항할 수 있는 권원에 기한 것이 아니므로 인도명령의 대상이 된다.

Q. 매각부동산에 관하여 유치권의 존부를 알 수 있는 방법은?

A. 유치권은 일정한 법정 요건을 갖추면 법률상 당연히 성립하는 법정담보물권이다. 그러나 등기부에 기입할 수 없는 권리이므로, 매각부동산에 대한 유치권의 존부를 알아내기는 쉽지 않다. 따라서 집행법원에서 작성한 매각물건명세서상의

점유관계와 유치권신고 등을 참조하고, 특히 신축된 건물에 관한 유치권 문제는 임장활동(목적물의 현장 방문)을 통하여 공사대금채권을 알아보아야 한다. 오래된 건물에 유치권이 성립하는 경우는 임차인의 유익비 또는 필요비 지출로 인한 것이 대부분이다.

Q. 저당권자는 유치권 부존재 확인의 소를 제기할 수 있는가?

A. 유치권자는 매수인에 대하여 피담보채권의 변제를 청구할 수는 없어도 채권이 변제될 때까지 목적부동산의 인도를 거절할 수 있으므로, 유치권신고가 있는 매각부동산은 통상적으로 그만큼 낮은 가격에 매각될 염려가 있다. 이 경우 매각 절차에서 저당권자는 유치권이 성립되지 않음에도 불구하고 유치권신고를 한 자를 상대로 유치권 부존재 확인의 소를 제기할 수 있다.

Q. 유치권의 신고가 있는 경우 매각물건명세서상의 표시 방법은 어떻게 되나?

A. '○○○로부터 유치권신고가 있으나 그 성립 여부가 불분명함'으로 기재한다. 집행법원에 유치권신고가 있다 하여 채권액이 모두 존재한다고 단정할 수는 없고 소송으로 진행될 경우, 유치권에 의하여 담보되는 채권금액과 그 근거를 유치권자가 입증해야 한다. 따라서 소송결과에 따라 유치권이 존재할 수도 있고 성립되지 않을 수도 있기 때문에 집행법원은 유치권자의 유치권신고가 있을 경우 매각물건명세서상에 위와 같이 기재하고 매각 절차를 진행한다.

Q. 임대차계약서상 유치권의 발생을 배제하는 특약은 효력이 있는가?

A. 임차인은 임차한 건물에 대하여 유익비 또는 필요비를 지출한 경우 그 비용을 임대인에게 청구할 수 있으며 비용을 반환받을 때까지 건물에 대하여 유치권을 행

사할 수 있다. 그러나 통상적으로 임대차계약서를 작성할 때 임대차관계 종료 시 건물을 '원상으로 복귀'하여 임대인에게 명도하기로 하는 약정을 기재하는 경우가 많다. 이러한 문구가 기재된 임대차계약서를 작성한 경우 임차인은 건물에 지출한 유익비 또는 필요비의 상환청구권을 포기한 취지의 특약으로 볼 수 있어 유치권은 성립하지 않는다. 즉 당사자 간에 유치권을 배제한다는 특약을 할 수 있다.

Q. 당사자 간에 유치권 발생을 배제하는 특약을 할 수 있는가?

A. 법규에는 강행규정과 임의규정이 있다. 먼저 강행규정은 당사자 간에 합의로 그 법규의 규정을 배제할 수 없으나 임의규정은 당사자 간에 합의로 그 법규의 규정을 배제하고 당사자 간에 합의대로 약정할 수가 있다. 예컨대 '임대차보호법에 임대차 기간을 2년 미만으로 약정하였다고 하여도 그 기간은 2년으로 한다.'라는 규정은 강행규정이므로 당사자 간에 1년으로 정하여도 임차인은 2년을 주장할 수가 있다.

'민법 제320조'의 유치권에 관한 규정은 임의규정이므로 당사자 간에 유치권을 배제하는 약정을 할 수가 있다. 따라서 유치권자가 채무자에게 아무런 조건 없이 목적부동산을 명도해 주기로 약정하였다면, 이는 유치권자가 유치권을 포기한 것이라고 할 것이므로 그 약정된 명도기일 후의 점유는 적법한 권원 없는 점유라 할 것이고 더 이상 유치권을 주장할 수 없다.

Q. 경매개시결정의 기입등기가 이루어지고 난 후 점유한 경우에도 유치권은 성립하는가?

A. 경매개시결정의 기입등기가 경료되어 압류 효력이 발생한 후 그 부동산에 대한 점유가 유치권자인 공사대금채권자에게 이전된 경우에는 유치권의 성립을 주

장할 수 없다. 이와 같은 점유 이전은 목적물의 교환가치를 감소시킬 우려가 있는 처분행위에 해당하여 '민사집행법 제92조 제1항, 제83조 제4항'에 따른 압류의 처분금지 효력에 저촉되어 매수인에게 유치권을 주장할 수 없다.

Q. 유치권자도 매각 절차에서 이해관계인에 해당되는가?

A. 유치권은 담보물권이지만 저당권과 같이 등기할 수 있는 권리가 아니므로 원칙적으로 매각 절차에서 이해관계인에 해당되지 않는다. 그러나 유치권자가 집행법원에 유치권신고를 하면 그때부터 이해관계인에 해당된다.

Q. 임대인에 대한 손해배상청구권으로 유치권을 주장할 수 있는가?

A. 임대인에 대한 임차보증금반환청구권이나 임차인이 건물을 임차목적대로 사용하지 못해 발생한 임대인에 대한 손해배상청구권으로 유치권을 주장할 수 없다. 유치권으로 주장할 수 있는 채권은 물건 등의 가치를 보존 또는 증진시키기 위하여 그 물건 자체에 지출된 필요비 또는 유익비의 상환청구권이어야 한다. 임차보증금이나 손해배상청구권은 건물 자체에 관하여 생긴 채권이라 할 수 없다.

Q. 전세권자가 공사비를 지급한 경우 유치권을 주장할 수 있는가?

A. 기초공사, 벽면, 옥상 슬래브 공사만 완공된 건물에 전세금을 지급하고 공장으로 사용하는 중 소유자와 장차 이 건물을 매수하기로 하고 전세권자의 비용으로 내부 구조 및 미완성 건물을 완공시킨 경우, 공사대금채권은 그 건물에 관하여 생긴 채권이므로 전세권자는 유치권을 주장할 수 있다.

Q. 공사업자가 부도난 공장을 점유한 경우에도 유치권이 성립하는가?

A. 유치권자의 채권은 목적물의 점유 중 또는 점유와 동시에 생긴 것이어야 하는 것은 아니다. 그 목적물에 관하여 이미 채권이 발생하고 난 후 목적물을 점유한 경우에도 유치권은 성립한다. 따라서 공장을 신축한 공사업자가 공사대금채권을 변제받지 못한 경우 회사부도 후 그 공장을 점유하였더라도 유치권은 인정된다.

Q. 유치권을 주장하는 공사업자로부터 채권양도양수를 받은 경우에도 유치권을 주장할 수 있는가?

A. 지명채권(예컨대 공사대금채권)의 양도는 다음 2가지 중 하나가 충족되면 그 효력이 인정된다.

① 채권자(유치권자)가 채무자에게 양도 사실을 통지해야 한다.

② 채무자가 양도를 승낙하는 방식으로도 가능하다.

위 2가지 모두 확정일자 있는 증서로 하여야 한다. 양도일자를 소급하지 못하게 하여 이해관계인 간의 분쟁 소지를 없애기 위해서다. 통상적으로 채권자가 채무자에게 채권양도통지를 내용증명 및 배달증명으로 보내는 방법을 많이 사용한다.

유치권은 부종성과 수반성이 있는 담보물권이다. 따라서 유치권은 피담보채권(공사대금채권)과 점유도 함께 이전되어야 한다. 그러지 않으면 유치권은 소멸되며 일반채권으로서 공사대금채권만 이전의 효력이 생기게 된다. 적법한 절차를 걸쳐 정당하게 유치권을 인수한 자는 목적부동산에 대하여 유치권을 행사할 수 있다.

Q. 건물에 대한 유치권자는 대지에 대하여 유치권을 행사할 수 있는가?

A. 토지에 대하여 불법이 아닌 건물에 대한 유치권자는 그 건물의 유치 사용에 필요한 범위 내에서 대지 부분에 대하여도 유치권을 행사할 수 있다. 이와 같은 경

우 건물 유치권자는 토지만의 경매에서도 대지매수인에 대하여 유치권을 행사할 수 있다.

Q. 매수인은 유치권자를 상대로 인도명령을 신청할 수 있는가?

A. 매수인은 대금을 완납한 후 6개월 내에 채무자, 소유자 또는 매수인에게 대항할 수 없는 점유자를 상대로 인도명령을 신청할 수 있다(민사집행법 제136조 제1항). 그러나 매수인에게 대항할 수 있는 권원에 의하여 점유하고 있는 자에 대하여는 그러하지 아니하다. 따라서 목적물건에 대하여 적법하게 점유하고 있는 유치권자는 목적물의 인도를 거절할 수 있다. 다만 경매개시결정의 등기기입 후에 점유한 유치권자는 인도명령의 대상이 된다. 이 경우 유치권은 압류의 처분금지 효력에 저촉되기 때문이다.

Q. 유치권은 배당에서 우선변제권을 행사할 수 있는가?

A. 배당 절차에서 유치권자는 유치물에 대하여 우선변제권이 없다. 그러나 유치권자는 경매신청권이 있으므로 목적물의 환가를 위하여 경매를 신청하면 그에 따른 매득금이 유치권자에게 교부될 수 있다. 유치권자는 그 금전을 소유자에게 반환할 채무와 유치권에 대한 피담보채권과 상계를 함으로써 결과적으로는 우선변제의 효과를 얻을 수 있다.

Q. 배당요구의 종기까지 배당요구를 한 유치권자도 배당에 참가할 수 있는가?

A. 유치권자는 매각 절차에서 원칙적으로 이해관계인에 해당되지 않는다. 그러나 정당한 권리자로서 권리를 증명하여 유치권권리신고를 하면 매각 절차에서 비로소 이해관계인에 해당된다. 그러나 별도로 유치권에 의하여 승소한 판결 등 집

행력 있는 정본을 가지고 있거나 등기부에 가압류 등을 설정하지 않은 이상 배당요구를 하여도 매각 절차에서 배당에 참가할 수 없다.

Q. 상가임차인이 영업에 필요한 비용을 유익비로 주장할 수 있는가?

A. 상가임차인이 목적부동산의 보전이나 개량을 위하여 지출한 비용, 즉 필요비 또는 유익비는 유치권으로 주장할 수 있다. 이 경우라도 그 비용이 목적물의 가치를 객관적으로 증가시킨 경우에 한한다. 그러나 간판, 인테리어 등 상가임차인이 자신의 영업을 위하여 지출한 비용은 유익비에 해당되지 않으므로 유치권을 주장할 수 없다.

Q. 상가임차인이 임대인에게 권리금을 반환받지 못한 경우 유치권을 주장할 수 있는가?

A. 상가임대차계약에서 건물명도 시 권리금을 반환하기로 임대인과 임차인 사이에 약정이 있었다 하더라도 권리금은 건물 자체로부터 발생한 채권이 아니므로, 그것으로 유치권을 주장할 수 없다.

Q. 임차인의 보증금반환청구권을 유치권으로 주장할 수 있는가?

A. 유치권의 피담보채권은 목적물과의 견련성이 인정되어야 한다. 따라서 공사대금, 그 물건에 대한 필요비와 유익비 등은 견련성이 인정되나 보증금반환청구권, 권리금반환청구권, 토지임차인의 부속물매수청구권 등은 견련성이 인정되지 않으므로 유치권이 성립되지 않는다.

Q. 유치물을 명도하여 주기로 약정한 경우 유치권을 포기한 것으로 볼 수 있는가?

A. 유치권이 성립되는 유치물을 점유하고 있다가 아무 조건 없이 유치물을 명도해 주기로 약정하였다면, 이는 유치권을 포기한 것이다. 약정된 명도기일 후의 점유는 적법한 권원 없는 점유가 되어 유치권이 성립되지 않는다.

Q. 법정지상권이 성립되지 않아 철거를 당하게 될 건물에 관하여도 유치권을 주장할 수 있는가?

A. 건물점유자가 건물에 관해 유치권을 갖더라도 그 건물의 존재와 점유가 토지소유자에게 불법행위(지상권이 성립되지 않아 철거대상 등)가 되는 경우에는 유치권으로 토지소유자에게 대항할 수 없다. 즉 건물소유자에게는 유치권을 행사할 수 있지만 대지소유자에게는 불법점유가 되므로 유치권이 성립되지 않는다.

Q. 체납관리비로 인한 채권을 목적으로 유치권 행사를 할 수 있는가?

A. 아파트 등 체납된 관리비는 목적부동산 자체에 대한 채권이 아니므로 채권과 목적물과의 견련성이 요구되는 유치권의 성립 요건이 될 수 없다. 따라서 체납된 관리비는 유치권으로 담보되는 피담보채권이 될 수 없으므로 그 채권으로 유치권 행사를 할 수 없다.

Q. 유치권자는 경매 신청이 가능한가?

A. 유치권자도 경매신청권(민법 제322조)이 있다. 다만 경매신청의 목적은 저당권처럼 채권을 변제받기 위한 실질적 경매라기보다 채무 변제 시까지 유치권자가 유치목적물을 무작정 보관하고 있어야 하는 부담에서 벗어나기 위한, 가격 보존을 위한 형식적 경매라 할 수 있다.

저당권은 당사자 사이에 저당권설정 약정을 하고 등기부에 기입되는 약정담보권이지만, 유치권은 일정한 법정 조건을 갖추면 성립하는 법정담보권이다. 유치권은 등기부에는 설정할 수 없지만 채권이 아닌 물권이다. 따라서 강제경매가 아닌 저당권과 마찬가지로 담보권 실행을 위한 경매의 예에 따라 매각을 실시한다. 즉 강제경매가 아닌 임의경매이다.

유치권자는 통상 담보권(저당권 등)의 경매 신청과 마찬가지로 서면신청서에 따른다. 담보권의 존재를 증명(예컨대, 유치권자가 해당 물건을 점유하는 사실 이외에 공사계약서, 내용증명, 소유자의 부동산인도청구소송에서 유치권 항변이 인용된 판결문 등)하는 서류를 첨부하여 경매 신청하면 된다.

Q. 유치권자는 매수인에게 유치권으로 담보되는 채권을 청구할 수 있는가?

A. 민사집행법 제91조 제5항에서 경락인은 유치권자에게 유치권으로 담보하는 채권을 변제할 책임이 있다고 규정하고 있다. 그러나 여기에서의 '변제할 책임'이란 부동산상의 부담을 승계한다는 취지이지, 인적 채무까지 인수한다는 뜻은 아니므로 유치권자는 피담보채권의 변제가 있을 때까지 유치물의 인도를 거절할 수 있을 뿐이고 경락인에 대하여 그 피담보채권의 변제를 청구할 수 없다(대법원 95다8713). 그러나 매수인이 궁극적으로 목적물의 인도를 받으려면 유치권으로 담보되는 채권을 변제할 수밖에 없을 것이다.

Q. 유치권의 소멸 원인에는 어떤 것들이 있는가?

A. 1. 물건의 멸실

일반적인 담보물권의 소멸 사유와 같이 유치권으로 점유하고 있는 물건이 멸실한 경우 유치권도 소멸한다.

2. 기타 소멸 사유

① 유치권으로 담보하고 있는 채권을 변제하면 유치권은 소멸한다.

② 유치권자가 의무를 위반한 경우에는 채무자는 유치권의 소멸을 청구할 수 있다.

③ 채무자는 상당한 담보를 제공하고 유치권의 소멸을 청구할 수 있다. '담보가 상당한가'의 여부는 '채권의 담보로서 상당한가'를 기준으로 판단한다. 즉 유치물의 가격이 채권액에 비하여 과다한 경우 채권액 상당의 가치가 있는 담보를 제공하면 족하다 할 것이다. 담보 제공 후 유치권 소멸의 청구권자는 채무자나 소유자이다.

④ 점유의 상실로 유치권은 소멸한다. 유치권의 성립 요건인 점유는 직접점유이든 간접점유이든 관계가 없다.

Q. 매각 절차가 진행 중 유치권 성립이 확인된 경우 매수인의 권리구제 절차는?

A. 1. 집행법원이 최저매각가격을 정할 때 고려하지 아니한 유치권이 확인된 경우 매각허가에 대한 이의 및 매각허가결정에 대하여 즉시 항고할 수 있다(민사집행법 제106조 5호, 제121조 5호, 제121조 7호, 제130조 1항).

2. 매수신청 후 매각결정기일 전에 유치권이 확인된 경우 최고가매수인은 매각불허가신청을 할 수 있다.

3. 매각허가결정 확정 후 매각대금납부 전에 유치권이 확인된 경우 매수인은 매각허가결정의 취소신청을 할 수 있다.

지분 경매 물건 공략법

지분 경매는 등기사항전부증명서상 소유자가 2인 이상인 부동산 중 1인 또는 다수의 지분이 경매로 나온 것을 말한다. 실무상 완전한 소유권을 취득하지 못하는 지분 경매의 경우 유찰이 많이 되어 입찰가격 면에서는 장점이 있으나 대출에 대한 단점도 있기에 자금 확보 능력이 뒷받침되어야 한다.

대부분의 입찰 참여자는 지분 취득에 대한 부정적인 시각에 입찰을 포기하는 경우가 많으나 지분을 취득함으로써 고통보다는 달콤한 열매를 맛보는 경우가 많다. 경매고수들이 공격적인 투자를 하는 분야이기도 하다.

지분 경매 부동산은 소유권을 취득하여도 권리행사가 쉽지 않아 경매가 진행되는 경우 유찰 횟수가 많아 감정가의 50% 수준까지 떨어지는 경우가 비일비재하다. 지분 경매는 입찰 당일 최고가매수인(낙찰자)이 결정되어도 공유자우선매수청구권이란 우선권을 부여하여 지분 경매에서 다른 지분 소유자에게 입찰일에 최고가매수인의 낙찰가격으로 우선 매수할 수 있는 기회를 부여한다. 즉 응찰하려는 부동산이 여러 공유자가 있는 지분 형태의 경우 지분 소유권자가 우선매수청구권을 행사하지 않아야 최고가매수인이 소유권을 취득할 수 있다.

지분 경매 물건을 취득한 경우에는 재산권 행사에서 많은 제약이 따른다. 따라서 입찰하기 전에 지분 공유자를 만나 경매 입찰자에게 지분을 매입할 것인지, 매도할 것인지를 확인하는 것이 좋다. 낙찰 이후 상대방 지분권자와 합의 분할에 실패할 경우 '공유물분할청구소송'을 진행해야 하니 입찰 전에 철저한 조사가 필요하다.

공유물분할청구소송을 하면 우선 현물분할을 원칙으로 하고, 현물분할이 어려울 경우 가액배상을 하게 된다. 공유물분할을 위한 형식적 경매의 경우에는 경매 절차에서 공유자우선매수권이 없으니 안심하고 입찰해도 된다.

　공동저당 부동산 중 일부 물건을 낙찰받은 사람은 전체 부동산이 매각되어 배당될 때까지 현재 점유자를 명도할 수 없다. 실무에서는 이러한 경우 임차인과 협의하여 명도확인서를 미리 발급한 후에 점유를 해제한다.

공유자 우선매수신고서

사　건　　20○○타경○○○○○ 부동산강제(임의)경매
채권자
채무자 (소유자)
공유자
■ **매각기일　20○○. ○. ○. ○○:○○**
부동산의 표시 : 별지와 같음

　공유자는 민사집행법 제140조 제1항의 규정에 의하여 매각기일까지(집행관이 민사집행법 제115조 제1항에 따라 최고가매수신고인의 성명과 가격을 부르고 매각기일을 종결한다고 고지하기 전까지) **민사집행법 제113조에 따른 매수신청보증을 제공하고** 최고매수신고가격과 같은 가격으로 채무자의 지분을 우선매수하겠다는 신고를 합니다.

첨부서류
1. 공유자의 주민등록표 등본 또는 초본 1통
2. 기타(　　　　　　　　)
　　　　　　　　　200 .   .   .

　　　우선매수신고인(공유자)　　　㊞
　　　(연락처 :　　　　　　　　)

　　　　　　○○지방법원 경매○계 귀중

법정지상권 경매 물건 공략법

미등기와 법정지상권 성립 여부

미등기 건물을 대지와 함께 양수한 사람이 대지에 관하여서만 소유권이전등기를 넘겨받고 건물에 대하여는 등기를 이전받지 못한 상태에서 대지가 경매되어 소유자가 달라진 경우에는, 미등기 건물의 양수인은 건물을 처분할 수 있는 권리는 있지만 소유권은 가지고 있지 않으므로 대지와 건물이 동일인의 소유라고 볼 수 없어 법정지상권이 발생할 수 없다.

양수인은 건물에 대해서는 채권적 지위밖에 인정되지 않으므로 법정지상권 성립의 요건인 건물과 대지의 동일인 소유라는 점을 충족한다 할 수 없어 대법원이 법정지상권 성립을 부정한 것이다.

이런 경우 미등기건물 양수인은 건물의 원시취득자가 아니므로 건물에 대한 소유권을 취득하기 위해서는 소유권이전등기를 경료했어야 한다. 소유권 변동이 있기 위해서는 등기가 필요하기 때문이다. 다만, 토지에 저당권이 설정된 때에는 건물이 존재하기만 하면 건물의 등기여부는 관계없다. 미등기건물의 경우에는 원시취득자에 대하여만 법정지상권이 인정된다.

새로운 건물에 대한 법정지상권 성립 여부

1. 동일인의 소유에 속하는 토지 및 그 지상 건물에 관하여 공동저당권이 설정된 후 그 지상 건물이 철거되고 새로 건물이 신축되어 두 건물 사이의 동일성이 부정되는 결과 공동저당권자가 신축건물의 교환가치를 취득할 수 없게 되었다면, 공동저당권자의 불측의 손해를 방지하기 위하여, 특별한 사정이 없는 한 저당물의 경매로 인하여 토지와 그 신축건물이 다른 소유자에 속하게 되더라도 그 신축건물을

위한 법정지상권은 성립하지 않는다.

2. 경매대상 건물이 인접한 다른 건물과 합동됨으로 인하여 건물로서의 독립성을 상실하게 되었다면 경매대상 건물만을 독립하여 양도하거나 경매의 대상으로 삼을 수는 없고, 이러한 경우 경매대상 건물에 대한 채권자의 저당권은 합동으로 인하여 생겨난 새로운 건물 중에서 위 경매대상 건물이 차지하는 비율에 상응하는 공유지분 위에 존속하게 된다.

3. 동일인 소유 토지와 그 지상 건물에 공동근저당권이 설정된 후 그 건물이 다른 건물과 합동되어 신건물이 생겼고, 그 후 경매로 토지와 신건물이 다른 소유자에게 속하게 됨에 따라 신건물을 위한 법정지상권이 성립한 사안에서, 그 법정지상권의 내용인 존속기간과 범위 등은 종전 건물을 기준으로 하여 그 이용에 일반적으로 필요한 범위 내로 제한된다고 하여야 함에도 법정지상권이 신건물 전체의 유지, 사용을 위해 필요한 범위에서 성립한다.

PART 2

실전 사례로 배우는
경매 노하우

다소 생소하거나 난해할 수 있었던 파트 1의 경매 기초 부분을 무사히 넘기고 파트 2의 경매 사례에 오신 것을 축하드린다. 혹시 파트 1에서 이해되지 않는 부분이 있었더라도 파트 2의 경매 사례를 반복적으로 읽어 본다면 자연스레 어려움이 해결될 것이다.

이 책의 핵심이 될 부동산 경매 사례를 어떻게 구성할 것인가에 대해 많은 고민을 한 끝에 다음과 같은 결론을 얻었다.

우선 경매 매각(낙찰) 사례에 대한 결과론적인 내용은 배제하고, 독자 스스로 짧은 시간에 많은 경매 물건을 해석할 수 있는 능력을 높이는 것에 초점을 두었다. 즉 경매 투자자 입장에서 물건 하나에 연연하는 것이 아니라 확률 게임에 도전할 수 있도록 파트 2를 구성하였다.

이 책에 제시한 경매사건 정보는 저자가 운영하는 '오늘의경매 http://today77.com'를 통해서 살펴볼 수 있다. 구글 플레이스토어에서 앱을 다운받아 무료회원 가입을 하면 전국에서 진행 중인 실시간 경매 정보를 핸드폰으로 열람할 수 있다.

파트 1을 충실히 공부했다면 파트 2 설명에 나오는 경매 용어나 경매 관련 사항에 관해 어려움이 없을 것이다. 경매 사례를 살펴보면서 지금 당장 입찰한다는 마음으로 가벼운 긴장감을 갖는다면 경매 투자 감각을 익히는 데 많은 도움이 될 것이다.

현업에서 경매 컨설팅을 하다 보면 경매의 대중화를 이끄는 부동산이 아파트라는 것을 실감하게 된다. 내 집 마련의 꿈을 갖고 아파트를 시세보다 저렴하게 취득하려는 도전자가 늘어나는 추세인 만큼 아파트를 첫 번째 주제로 시작하겠다. 지금부터 하나하나 알아보도록 하자.

　　오늘의경매 사이트에 접속한 후 현재 진행 중인 경매 물건 종류 중 주거용 부동산에서 ①아파트, ②조회수 많은 순으로 선택해 보았다.

　　총 4개의 경매 물건 목록 중 대표적으로 ①, ② 사례를 통해 아파트 경매 물건의 접근 방식과 해결책을 살펴보기로 하자.

01 유찰되는 경매 물건은 이유가 있다

— 권리분석의 중요성

Q. 선순위 임차인의 경매 물건은 낙찰 후 보증금을 전액 인수하는가?

A. 경매 입찰 전 말소기준권리보다 전입일자가 빠른 임차인이 배당요구를 하지 않은 경우 보증금을 확인할 수 없다면 입찰에 참여해서는 안 된다. 간혹 인기 지역 아파트가 경매 시장에 나올 때 유찰이 되는 경우가 있는데 대부분 낙찰 후 인수보증금이 발생하기 때문이다. 욕심에 눈이 멀어 아주 간단한 권리분석을 간과한 채 진행하다가 입찰보증금 몰수라는 안타까운 결과를 초래하게 된다. 경매라고 해서 무조건 저렴하게 구입하겠다는 생각은 욕심이다.

오늘의경매
실 전 사 례

[소재지] 서울특별시 강동구 올림픽로81길 15, ▩▩▩ ▩▩▩▩ (천호동,천호이-편한세상)
[지 번] 서울특별시 강동구 천호동 333-55

조회 11005

물건종류	아파트	감 정 가	767,000,000 원
경매종류	부동산강제경매	최 저 가	(33 %) 251,330,000 원
매각대상	토지 및 건물일괄매각	입찰보증금	(10%) 25,133,000 원
토지면적	57.68 ㎡ (17.45 평)	청구금액	40,000,000 원
건물면적	113.86 ㎡ (34.44 평)	채 무 자	김OO
매각기일	2019.11.04(월) 10:00	소 유 자	김OO
채 권 자			이OO

경과	날 짜	저감	최저가	결과
접수일	2018-04-02		경매접수	
~1일	2018-04-03		경매개시결정	
~84일	2018-06-25		배당요구종기일	
기일내역 전체보기				
~371일	2019-04-08	100 %	767,000,000 원	유찰
~413일	2019-05-20	80 %	613,600,000 원	유찰
~448일	2019-06-24	64 %	490,880,000 원	유찰
~497일	2019-08-12	51 %	392,704,000 원	유찰
~546일	2019-09-30	41 %	314,163,000 원	유찰
~581일	2019-11-04	33 %	251,330,000 원	진행
입찰 23일전				

■ 사건번호 : 2018타경1883

■ 소재지 : 서울특별시 강동구 올림픽로81길 15, 천호동 천호이 – 편한세상

물건종류	아파트	감정가	767,000,000원
경매종류	부동산강제경매	최저가	(33%) 251,330,000원
매각대상	토지 및 건물 일괄매각	입찰보증금	(10%) 25,133,000원
토지면적	57.68㎡(17.45평)	청구금액	40,000,000원
건물면적	113.86㎡(34.44평)	채무자	김OO
매각기일	2019.11.04(월) 10:00	소유자	김OO
채권자	이OO		

본 경매 물건의 상세 정보는 다음과 같다.

위치 및 주위 환경　본 건은 서울특별시 강동구 천호동 소재 천호공원 서쪽에 위치하며, 인근은 소규모 아파트 단지 및 단독주택, 근린생활시설 등이 혼재하는 지역이다.

교통 상황　본 건까지 차량 출입이 용이하며, 인근에 버스 정류장 및 원거리에 지하철역이 소재하는 등 교통 상황은 양호하다.

건물의 구조　철근 콘크리트 구조

외벽　페인트 마감 등

내벽　벽지 도배 및 타일 붙임 마감 등(탐문조사)

창호　플라스틱 새시 창호

설비 내역　위생 및 급배수 시설이 되어 있으며 난방시설, 엘리베이터 등이 있다.

토지의 형상 및 이용 상태　부정형의 토지이며, 아파트 건부지로서 아파트(방3, 거실1, 주방/식당1, 욕실/화장실2, 발코니 등)로 이용 중이다.

인접 도로 상태　제반 차량 출입이 가능할 정도의 도로기반시설을 갖추었다.

토지 이용 계획　도시지역, 제2종일반주거지역, 가축사육제한구역

공부와의 차이　없다.

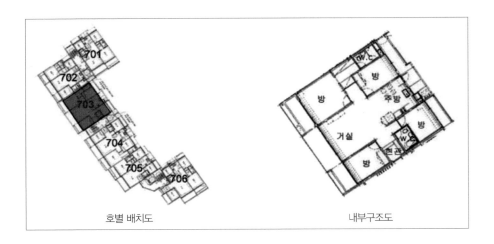

호별 배치도　　　　　　　　　　　　　　　　내부구조도

아파트를 취득하기 전에 당연히 확인해야 하는 호별배치도와 내부구조도를 통해서 최초 입찰 여부를 결정짓는다.

본 건은 최초 감정가격이 767,000,000원인데, 최저가격이 251,330,000원인 33%까지 유찰이 진행되고 있다. 아파트는 평균 시세라는 것이 있기에 어지간해서는 이렇게까지 많이 유찰되기는 힘들다. 그렇다면 어떠한 문제가 있는지 권리분석을 통해서 찾아보자.

먼저 질문을 하나 하겠다. 권리분석의 기준 문서가 무엇인가? 말소기준권리의 종류는 무엇인가?

사건	2018타경1883 부동산강제경매	매각물건번호	1	담임법관(사법보좌관)	
작성일자	2019.09.11	최선순위 설정일자	2018.3.2 압류 ❶		
부동산 및 감정평가액 최저매각가격의 표시	부동산표시목록 참조	배당요구종기	2018.06.25		

부동산의 점유자와 점유의 권원, 점유할 수 있는 기간, 차임 또는 보증금에 관한 관계인의 진술 및 임차인이 있는 경우 배당요구 여부와 그 일자, 전입신고일자 또는 사업자등록 신청일자와 확정일자의 유무와 그 일자

점유자의 성명	점유부분	정보출처 구분	점유의 권원	임대차 기간 (점유기간)	보증금	차임	전입신고일자, 사업자등록신청 일자	확정일자	배당요구 여부 (배당요구 일자)
이■■	703호 전부	등기사항전부 증명서	주거 전세권자	~2020.2.14.	570,000,000 ❷				
		현황조사	주거 전세권자						
최■	본건 목적물 전 부	현황조사	주거 임차인	미상	5억 7천만원 ❸			2017.11.16	미상

< 비고 >
이■■ : 신청채권자(대여금채권에 기한 강제경매신청). 최선순위 전세권자이나 배당요구는 하지 않음(전세권설정등기일 2017.11.17.) 임차인 최■■과는 부부사이로 동일세대 거주
최■ : 전세권자 이■■과는 부부사이로 동일세대 거주

※ 최선순위 설정일자보다 대항요건을 먼저 갖춘 주택.상가건물 임차인의 임차보증금은 매수인에게 인수되는 경우가 발생할 수 있고, 대항력과 우선 변제권이 있는 주택,상가건물 임차인이 배당요구를 하였으나 보증금 전액에 관하여 배당을 받지 아니한 경우에는 배당받지 못한 잔액이 매수인에게 인수되게 됨을 주의하시기 바랍니다. ❹

※ 등기된 부동산에 관한 권리 또는 가처분으로서 매각으로 그 효력이 소멸되지 아니하는 것
을구 13번 최선순위 전세권등기는 배당요구를 하지 않아 매각으로 소멸하지 않고 매수인에게 인수됨

※ 매각에 따라 설정된 것으로 보는 지상권의 개요 ❺
해당사항 없음

※ 비고란

권리분석의 기준 문서는 매각물건명세서이며 말소기준권리의 종류로는 저당권, 근저당권, 담보가등기, 압류(가압류), 경매개시결정의 기입등기, 전세권이 있다.

권리분석은 크게 2가지로 나눌 수 있는데, 부동산등기부 분석과 주택임차인 분석이다. 가장 먼저 말소기준권리를 찾고 선순위 인수사항을 검토해야 한다. 후순위 권리는 낙찰 후 소멸되기 때문에 권리분석상 큰 문제가 없으며 입찰이 가능하다.

① 최선순위 설정일자 2018.3.2.이며 말소기준권리는 압류다.

② 임차인의 전세보증금은 570,000,000원이다.

③ 최선순위 전세권자이나 배당요구는 하지 않았는데(전세권설정등기일 2017. 11. 17.) 말소기준권리일보다 앞서 선순위 임차인으로 낙찰 후 보증금을 인수해야 한다.

위 매각물건명세서 ④의 내용은 중요한 부분이므로 반드시 숙지해야 할 필요성이 있다.

④ 최선순위 설정일자보다 대항 요건을 먼저 갖춘 주택. 상가건물 임차인의 임차보증금은 매수인에게 인수되는 경우가 발생할 수 있고, 대항력과 우선변제권이 있는 주택, 상가건물 임차인이 배당요구를 하였으나 보증금 전액에 관하여 배당을 받지 아니한 경우에는 배당받지 못한 잔액이 매수인에게 인수되게 됨을 주의해야 한다.

본 경매 물건은 입찰이 가능한가?

최저가격이 251,330,000원에 낙찰을 받는다 하더라도 임차인의 전세보증금 570,000,000원을 인수해야 하기 때문에 입찰이 불가능하다는 결론을 내릴 수 있다. 이번 사례와 같이 아주 간단한 권리분석만으로 입찰 여부를 결정지을 수 있음에도 불구하고 간혹 어이없는 실수를 저지르기도 한다.

본 건은 얼마에 낙찰받을 것인가보다 어느 시점에 입찰 참여가 가능한지가 중요한 사례이다. 어떠한 경매 물건이든 권리분석을 할 때 단 1%의 확신이 없다면 전문가의 조언을 받는 것도 하나의 방법이다.

⑤는 임차인이 배당요구를 하지 않아 매수인에게 보증금이 인수된다는 내용으로 앞선 ③의 내용을 다시 한 번 확인할 수 있다.

임차인현황 (배당요구종기일 : 2018-06-25)

임차인	용도/점유	전입일자	확정일자	배당요구일	보증금/월세	대항력	비고
이○○							
최○○	본건 목적물 전부	2017.11.16	미상		5억7천만원 ❶	○	미상
비고 (매각물건명세서)		이■■■ : 신청채권자(대여금채권에 기한 강제경매신청). 최선순위 전세권자이나 배당요구는 하지 않음(전세권설정등기일 2017.11.17.). 임차인 최■■과는 부부사이로 동일세대 거주 최■■ : 전세권자 이■■과는 부부사이로 동일세대 거주						
비고 : 현황조사를 위한 방문 시 거주자가 부재하였고, 같은 날 거주자(이■■)와 통화한바, 본건 목적물에는 세대주 최■■ 등 가족 4명이 거주한다고 진술함.								

등기부현황(건물)

구분	성립일자	권리소유	권리자	권리금액	인수/소멸
1		소유권	김○○		소멸
2	2017년11월17일	전세권	이○○	570,000,000원 ❷	인수
3	2018년3월2일	압류	서○○○○○○○		소멸기준
4	2018년4월3일	강제경매	이○○		소멸
5	2018년6월21일	가압류	김○○	111,000,000원	소멸
6	2018년8월6일	가압류	신○○○○○	64,000,000원	소멸

주의사항 (최선순위 설정일자 2018.3.2.압류)

주의사항	매각으로 소멸되지 않는 등기부권리 : 을구 13번 최선순위 전세권등기는	배당요구를 하지 않아 매각으로 소멸하지 않고 매수인에게 인수됨
	매각으로 설정된 것으로 보는 지상권 : 해당사항 없음	❸

위의 표에 나와 있는 임차인현황, 등기부현황, 주의사항은 '오늘의경매'에서 제공하는 등기사항증명서 및 매각물건명세서 요약본 자료이다. 입찰 전에 꼭 원본을 재열람하여야 한다.

본 자료를 토대로 권리분석을 한다면 빠른 시간 내에 해답을 찾을 수 있다. 임차인현황 ①은 대항력 임차인 최○○의 보증금이 있으며 배당요구를 하지 않아 낙찰 후 인수라는 내용이다. 또한 비고란에 임차인 최○○와 이○○는 부부 사이로 공시되어 있다.

등기부현황(건물) ②를 살펴보면 최선순위설정일자(권리분석의 기준) 압류이며 소멸기준이므로 등기부현황 순위번호 3번부터 6번까지 모두 소멸임을 확인할 수 있다.

③ 주의사항에는 낙찰자의 인수사항에 대한 내용이 다시 한 번 표기되어 있다.

권리분석 결론

앞선 매각물건명세를 통해 확인한 임차인의 보증금 인수사항과 요약본 자료를 통한 임차인의 보증금 인수사항에 대한 결과는 동일하다. 다만 등기부현황을 통해 최선순위설정일자(말소기준권리)를 찾고 말소기준권리 이후 소멸되는 사항과 인수되는 사항을 확인해야 한다.

단시간에 많은 경매 물건을 열람하다 보면 사건별로 일일이 등기부현황을 확인하기 위해 등기사항증명서를 발급하기란 쉽지 않다. 따라서 경매 정보 목록은 법원경매정보 또는 사설경매정보를 통해 열람하되 빠르게 권리분석을 끝내고 싶다면 사설경매정보를 이용하는 것이 효과적이다.

그러나 맹신은 금물이다. 입찰 전에 법원에서 공시한 공적장부 및 등기사항증명서, 전입세대 열람, 건축물대장 등을 최종 확인하는 것을 절대로 잊어서는 안 된다.

총평

권리분석상 선순위 임차인이 있으며, 경락 이후 임차보증금 전액을 인수해야 하는 물건이다. 현재 시세를 확인하여 임차인의 보증금을 인수한다 하더라도 수익이 남는다고 판단되면 입찰에 도전해 볼 만하다. 다만 이러한 물건은 대출이 쉽지 않기 때문에 사전에 자금 계획을 잘 세워야 한다. 기존 임차인에게 보증금을 내주는 방법 이외에 새로운 임차인에게 보증금을 받아 내보내는 방법 등 다양한 방법이 있다.

02 경매 초보자가 도전해 볼 만한 아파트 경매

— 예상 낙찰가 산정법

Q. 경매로 아파트를 취득하면 얼마나 저렴한가?

A. 많은 사람이 궁금해하는 단골 질문 중 하나가 경매 예상 낙찰금액이다. 간혹 경매에 대해 환상을 가진 사람들은 터무니없는 가격을 희망하는데 현실은 그렇지 못하다. 보통 부동산중개사무실에서 거래되는 급매매 가격보다 조금 더 저렴하다. 어떠한 부동산이건 싸고 좋은 것은 없다. 하지만 좋은 것을 싸게 취득하기 위한 노력의 결과물이 경매라고 할 수 있다.

서울중앙지방법원
2018타경107566

오늘의경매
실 전 사 례

경매21계
대법원바로가기 ∨

[소재지] 서울특별시 동작구 동작대로35아길 14, ▦▦▦▦▦▦ (사당동,사당동삼성아파트)
[지 번] 서울특별시 동작구 사당동 1140

조회 1851

물건종류	아파트	감 정 가	775,000,000 원
경매종류	부동산임의경매	최 저 가	(80 %) 620,000,000 원
매각대상	토지 및 건물 일괄매각	입찰보증금	(10%) 62,000,000 원
토지면적	60.44 ㎡ (18.28 평)	청구금액	333,099,836 원
건물면적	114.69 ㎡ (34.69 평)	채 무 자	류OO
매각기일	2019.11.05(화) 10:00	소 유 자	류OO
채 권 자	주OOO OOOOO		

경과	날 짜	저감	최저가	결과
접수일	2018-11-30		경매접수	
~4일	2018-12-04		경매개시결정	
~77일	2019-02-15		배당요구종기일	
~298일	2019-09-24	100 %	775,000,000 원	유찰
~340일	2019-11-05	80 %	620,000,000 원	진행
	입찰 23일전			

- 사건번호 : 2018타경107566
- 소재지 : 서울특별시 동작구 동작대로35아길 14, 사당동 삼성아파트

물건종류	아파트	감정가	775,000,000원
경매종류	부동산임의경매	최저가	(80%) 620,000,000원
매각대상	토지 및 건물 일괄매각	입찰보증금	(10%) 62,000,000원
토지면적	60.44㎡(18.28평)	청구금액	333,099,836원
건물면적	114.69㎡(34.69평)	채무자	류OO
매각기일	2019.11.05(화) 10:00	소유자	류OO
채권자	주OOO OOOOO		

본 경매 물건의 상세 정보는 다음과 같다.

위치 및 주위 환경 본 건은 서울특별시 동작구 사당동 소재 경문고등학교 북서쪽에 위치하는 공동주택(아파트, 사당동 삼성아파트)이다. 부근은 단독주택, 다세대주택, 동작동 금강KCC아파트, 이수힐스테이트아파트 등 아파트 단지와 동작초등학교, 동작중학교, 경문고등학교 등 교육기관과 현충원근린공원 등이 혼재하는 제2종일반주거지역 내 아파트 단지다.

교통 상황 본 건까지 차량 출입이 가능하며, 남동쪽 근거리에 지하철 4호선 및 7호선 환승역인 이수역이 위치하고, 동쪽 인근에 동작대로를 운행하는 노선버스 정류장이 있다.

건물의 구조 철근 콘크리트 벽식 구조, 평지붕 1개 동 총 113세대인 소규모 아파트로 1999. 12. 31. 사용 승인되었다.

외벽 시멘트 모르타르 위 수성 페인트

내벽 종이 벽지 및 밀부 타일 마감

바닥 원목마루 및 일부 타일 마감

창호 하이새시 창호, 유리

설비 내역 급배수와 위생 시설이 구비되었고, 승강기 시설, 도시가스배관 및 가스보일러에 의한 개별난방시설, 옥내 소화전, 화재탐지 및 경보기 시설, 지상 및 지하 주차장시설 등이 있다.

토지의 형상 및 이용 상태 부정형의 완경사 지대에 조성된 지반이며, 아파트 건부지로서 아파트(방4, 거실1, 주방/식당1, 욕실/화장실2, 다용도실. 발코니 등)로 이용 중이다.

인접 도로 상태 남서쪽으로 노폭 약 6m 완경사 포장도로에 접하고 있다.

토지 이용 계획 도시지역, 제2종일반주거지역(7층 이하), 도로(접함), 중로3류(폭 12~18m), 과밀억제권역〈수도권정비계획법〉

공부와의 차이 없다.

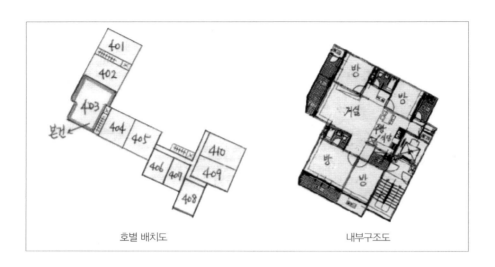

호별 배치도   내부구조도

임차인현황 (배당요구종기일 : 2019-02-15)

조사된 임차내역이 없습니다.

비고 : -목적물에 대하여 현황조사차 방문하여 채무자 겸 소유자의 배우자(OO O)를 만나 현황조사 개요를 설명하고 '안내문'을 교부하였음.

-소유자와 함께 거주하며, 임차인은 없다고 함.

-전입세대열람 내역과 주민등록표 등본에 채무자 겸 소유자 OOO 이 세대주로 등재되어 있음. ❶

등기부현황(건물)

구분	성립일자	권리소유	권리자	권리금액	인수/소멸
1		소유권	류OO		소멸
2	2014년11월10일	근저당권	(OOOOOOOOOOOOO	413,400,000원	소멸기준
3	2014년11월10일	근저당권	(OOOOOOOOOOOOO	139,100,000원	소멸
4	2016년5월27일	근저당권	류OO	98,000,000원	소멸
5	2016년11월3일	가압류	(OOOOOOO	59,390,652원	소멸
6	2018년1월4일	압류	국		소멸
7	2018년12월4일	임의경매	(OOOOOOOOOO		소멸
8	2018년12월20일	가압류	신OOOOO	341,030,250원	소멸
9	2019년1월22일	압류	동OO		소멸

경매 물건을 선택하면 가장 먼저 권리분석을 해야 한다. 반복적으로 사례를 접하다 보면 일정한 패턴을 발견할 수 있으니 끝까지 완주하길 바란다.

① 임차인현황 : 전입세대열람 내역과 주민등록표 등본에 채무자 겸 소유자 '류OO'이 세대주로 등재되어 있음. ☞ 현재 소유주가 거주하고 있다.

② 등기부현황(건물) 2번 : 2014년 11월 10일, 413,400,000원, 근저당권(말소기준권리) 소멸기준 ☞ 등기부 순위번호 2번부터 9번까지 모두 소멸된다.

매각물건명세서(권리분석의 기준 문서)

① 최선순위 설정일자 : 2014. 11. 10. 근저당권(말소기준권리)

② 조사된 임차 내역 없음 : 임차인이 없다는 것을 확인할 수 있다.

현황조사서(법원에서 현장조사한 내용)

① 조사일시 : 2018년 12월 11일 15시 05분, 2018년 12월 11일 16시 30분 , 2018년 12월 12일 11시 00분

② 점유관계 : 채무자(소유자) 점유

권리분석 결론

등기부현황에 의하면 말소기준권리 이후 모두 소멸되며, 임차인현황 및 매각물건명세서에 의하면 현재 소유자가 점유 중인 것으로 확인되므로 경매 입찰에 문제가 없다. 다만 현장조사 시 점유자 일치 여부 파악과 관리비 체납 여부를 확인하여 명도 계획을 세워야 한다.

　경매 물건의 권리분석이 끝난 후 현장조사를 하기 전에 책상에서 시세 조사를 마쳐야 한다. 요즘에는 지역 부동산에서 얻을 수 있는 시세정보 이상으로 인터넷이 발달되어 있기에 발품만큼 손품에 대한 노력이 필요하다. 위의 자료는 '호갱노노'에서 제공하는 아파트 시세 정보이다. 부동산 정보 관련 사이트 중 아파트에 관한 빅데이터가 우수한 편이므로 참고하길 바란다.

　① 본 건 사당동 삼성아파트 위치 및 주변 실거래가격(매매)을 확인할 수 있다.

　②, ③ 본 건 43평형 매매 실거래는 2019. 10. 평균 745,000,000원이다.

　④, ⑤ 본 건 43평형 전세 실거래는 2019. 10. 평균 550,000,000원이다.

　최근 실거래 내역을 숙지하고 현장조사를 통해 아파트 시세를 정확히 파악한다면 급매의 기준과 예상 낙찰가를 가늠해 볼 수 있을 것이다.

예상 낙찰가는 아파트의 경우 현 시세를 고려하여 시세 대비 10% 전후에서 판가름이 난다. 물론 지역적 편차와 매매 물량에 따라 변수는 있겠지만 실입주를 계획하는 경매 참여자가 공격적인 입찰가를 산정하는 편이다. 투자자 입장에서 낙찰가 산정은 10번을 경매에서 떨어져도(패찰) 신중한 선택을 해야 한다. 패찰률이 높은 아파트는 경매 투자자가 다른 부동산에 눈을 돌리게 하는 원인이 되기도 한다. 그러나 선순위임차인, 지분 경매, 유치권신고된 아파트를 연구하고 접근하다 보면 특별한 수익을 누릴 수 있기에 좀 더 깊은 관심과 공부가 필요하다.

아파트의 경우 관리사무소에 방문하여 입주자 확인 과정을 통해 거주자 확인 및 관리비 체납 여부를 파악할 수 있다. 경매가 진행되는 물건이라 하더라도 관리사무소에서 거주자에 관한 정보를 의무적으로 알려 줄 사항은 아니므로 최대한 정중한 자세로 원하는 정보를 취득하여야 한다.

사당역 복합환승센터 건립 계획(안)

본 경매 물건 인근에는 사당, 이수역 복합환승센터 개발호재가 있다. 복합환승센터를 비롯해 주거·업무·편의시설을 짓는 복합개발사업이며 지하철과 광역버스를 한 번에 갈아 탈 수 있게 되어 사당역 상권은 물론 주변 시세에도 좋은 영향을 줄 수 있을 것으로 예상된다.

사람들의 주목을 받는 부동산이라면 반드시 지역적 개발호재가 있다. 부동산 가격에 거품이 존재하는가를 따지기 전에 왜 사람들이 몰리는가에 대한 의문을 가져야 한다. 부동산은 정보 싸움이고 빠른 정보에 대한 결과가 곧 돈이다. 이러한 이유에서 전국적으로 진행되는 교통망, 개발호재 등에 관심을 가질 필요성이 있다. 또한 부동산 정책에 따른 투자자의 심리적 변화에 대처하는 마인드 컨트롤이 필요하다.

총평

본 경매 물건은 등기부현황상 말소기준권리 이후 모든 사항이 소멸되며 현재 소유자가 점유하고 있기에 낙찰 후 인수사항이 없다. 따라서 입찰에 문제가 없다. 현장조사를 통해 현 시세 및 점유자를 파악하는 것이 핵심이다.

03 주변에 흔한
다세대(빌라)의 비밀
— 용도에 맞지 않는 부동산

Q. 주택인 줄 알았는데 업무시설인 경우는 어떻게 해야 하나?

A. 아파트나 빌라를 보다 보면 건축물대장상 업무시설이나 근린생활시설인 경우가 종종 있다. 대장상 용도와 실제 용도가 불일치하면 여러 가지 어려움이 발생한다. 그중 대표적인 예가 대출의 제한이다. 이러한 부동산을 취득할 경우 매수인의 자기자본 비율이 높아지기 때문에 시세를 반영하지 못할 수가 있다. 눈에 보이는 것이 진실이 아니라는 것을 보여 주는 대표적인 사례로서 주위를 요하는 부동산이다. 그럼에도 불구하고 취득하고자 한다면 매우 저렴한 경매 낙찰가로 산정할 것을 권한다.

- 사건번호 : 2018타경100571
- 소재지 : 서울특별시 강북구 노해로9길 10, 2층 OOO호(수유동 신우팰리스)

물건종류	다세대(빌라)	감정가	150,000,000원
경매종류	부동산임의경매	최저가	(13%) 20,133,000원
매각대상	토지 및 건물 일괄매각	입찰보증금	(20%) 4,026,600원
토지면적	21.73㎡(6.57평)	청구금액	21,481,681원
건물면적	36.50㎡(11.04평)	채무자	채OO
매각기일	2019.10.14(월) 10:00	소유자	채OO
채권자	비OOOOOO OO		

본 경매 물건의 상세 정보는 다음과 같다.

위치 및 주위 환경   본 건은 서울특별시 강북구 수유동 소재 지하철 4호선 수유역 (강북구청) 북서쪽에 위치한다. 단독주택, 연립주택, 다세대주택 등이 소재하는 주거지대로서 주위 환경은 대체로 무난하다.

교통 상황   본 건까지 차량의 접근이 가능하며, 인근에 노선버스 정류장 및 지하철 4호선 수유역(강북구청)이 있는 등 제반 교통여건은 무난한 편이다.

건물의 구조   철근 콘크리트 구조, (철근) 콘크리트 지붕 6층 건물 내 2층 OOO호

외벽   치장벽돌 마감 등

내벽   벽지 도배 및 타일 붙임 마감 등

창호   하이새시 창호

설비 내역   위생설비, 급·배수설비, 승강기설비, 도시가스보일러에 의한 개별난방설비 등이 되어 있다.

토지의 형상 및 이용 상태   자체 지반 평탄한 세장형의 토지이며, 주상용(도시형생활주택 및 제2종근린생활시설) 건부지로서 주택 1가구(방2, 주방, 거실, 화장실, 발코니 등)로 이용 중이다.

인접 도로 상태   남쪽으로 약 6m 폭의 포장도로에 접하고 있다.

토지 이용 계획   도시지역, 제2종일반주거지역(7층 이하), 가축사육제한구역〈가축분뇨의 관리 및 이용에 관한 법률〉, 과밀억제권역〈수도권정비계획법〉

공부와의 차이   집합건축물대장상 제2종근린생활시설(사무소)로 등재되어 있으나, 현황은 주택으로 이용 중이며, 발코니를 확장하여 거실 및 방으로 사용 중이다.

< 신우팰리스 제2층 호별배치도 >

❶ 「공부상」 ❷ 「현황」

< 신우팰리스 제2층 제███호 내부구조도 >

※ 집합건축물대장상 제2종근린생활시설(사무소)로 등재 되어 있으나,
현황은 주택으로 변경하여 이용중이며, 발코니를 확장하여 거실 및 방으로 사용중이니
경매 진행시 유의하시기 바람.

①, ② 집합건축물대장상 제2종근린생활시설(사무소)로 등재되어 있으나, 현황은 주택으로 변경하여 이용 중이며, 발코니를 확장하여 거실 및 방으로 사용 중이니 경매 진행 시 유의해야 한다. ☞ 본 건은 발코니가 확장되어 있기에 위반사항을 검토하여야 한다. 간혹 무단 확장으로 인하여 이행강제금이 부과되는 경우가 있으니 입찰 전에 건축물대장을 재열람하여 입찰 여부를 결정지어야 한다.

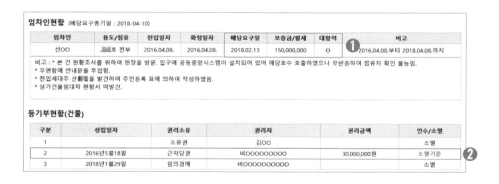

임차인현황 (배당요구종기일 : 2018-04-10)

임차인	용도/점유	전입일자	확정일자	배당요구일	보증금/월세	대항력	비고
선OO	█호 전부	2016.04.08.	2016.04.08.	2018.02.13	150,000,000	O	❶ 2016.04.08.부터 2018.04.08.까지

비고 : * 본 건 현황조사를 위하여 현장을 방문. 입구에 공동중앙시스템이 설치되어 있어 해당호수 호출하였으나 무반응하여 점유자 확인 불능임.
* 우편함에 안내문을 투입함.
* 전입세대주 선█를 발견하여 주민등록 표에 의하여 작성하였음.
* 상가건물임대차 현황서 미발견.

등기부현황(건물)

구분	성립일자	권리소유	권리자	권리금액	인수/소멸
1		소유권	김OO		소멸
2	2016년5월18일	근저당권	비OOOOOOOOO	30,000,000원	소멸기준 ❷
3	2018년1월29일	임의경매	비OOOOOOOOO		소멸

순 번	세 대 주 성 명	전 입 일 자	등 록 구 분	최초전입자	전 입 일 자	등 록 구 분	동거인 수	동 거 인 사 항			
		주 소						순 번	성 명	전입일자	등 록 구 분
1	선 **	2016-04-08	거주자	선 **	2016-04-08	거주자					
	서울특별시 강북구 노해로9길 10, 2층 202호 (수유동,신우팰리스)										

① 임차인현황 : 전입세대열람 내역과 주민등록표에 의하면 임차인 '선○○'이 점유하고 있다. ☞ 현재 임차인이 대항력이 있으며 2016년 4월 8일에 전입하여 거주하고 있다.

② 등기부현황(건물) 2번 : 2016년 5월 18일, 30,000,000원, 근저당권(말소기준권리) 소멸기준 ☞ 등기부 순위번호 2번부터 3번까지 모두 소멸된다.

매각물건명세서

사건	2018타경100571 부동산임의경매			매각물건번호		1	담임법관(사법보좌관)	
작성일자	2019.07.15			최선순위 설정일자		2016. 5. 18. 근저당권 ❶		
부동산 및 감정평가액 최저매각가격의 표시	부동산표시목록 참조			배당요구종기		2018.04.10		

부동산의 점유자와 점유의 권원, 점유할 수 있는 기간, 차임 또는 보증금에 관한 관계인의 진술 및 임차인이 있는 경우 배당요구 여부와 그 일자, 전입신고일자 또는 사업자등록신청일자와 확정일자의 유무와 그 일자

점유자의 성명	점유부분	정보출처 구분	점유의 권원	임대차 기간 (점유기간)	보증금	차임	전입신고일자.사 업자등록신청일 자	확정일자	배당요구 여부 (배당요구 일자)
선■■	■■호	현황조사	미상 임차인	미상	미상	미상	2016.04.08	미상	❷
	■■호 전부	권리신고	임차인	2016.04.08.부터 20 18.04.08.까지	150,000,000		2016.04.08.	2016.04.08.	2018.02.13

〈비고〉

※ 최선순위 설정일자보다 대항요건을 먼저 갖춘 주택.상가건물 임차인의 임차보증금은 매수인에게 인수되는 경우가 발생할 수 있고, 대항력과 우선 변제권이 있는 주택.상가건물 임차인이 배당요구를 하였으나 보증금 전액에 관하여 배당을 받지 아니한 경우에는 배당받지 못한 잔액이 매수인에게 인수되게 됨을 주의하시기 바랍니다.

※ 등기된 부동산에 관한 권리 또는 가처분으로서 매각으로 그 효력이 소멸되지 아니하는 것

해당사항 없음

※ 매각에 따라 설정된 것으로 보는 지상권의 개요

해당사항 없음

※ 비고란 ❸

집합건축물대장상 제2종근린생활시설(사무소)로 등재되어있으나, 현황은 주택임. 특별매각조건 매수보증금 20%

매각물건명세서

① 최선순위 설정일자 : 2016. 5. 18. 근저당권(말소기준권리)

② 조사된 임차 내역 : 2016. 4. 8. 전입한 임차인이 점유 중이며 배당요구를 하였다.

③ 집합건축물대장상 제2종근린생활시설(사무소)로 등재되어 있으나, 현황은 주

택이다. 특별매각조건 매수보증금 20% ☞ 용도 불일치 내용과 재매각에 따른 매수 보증금이 확인된다.

권리종류	권리자	채권최고액	배당액	미배당액	소멸/대항 여부	비고 ❶
주거임차인	선██	150,000,000	19,083,400	130,916,600	인수	일부배당(미배당금 인수)예상
(근)저당	████캐피탈	30,000,000	0	30,000,000	소멸기준	미배당금 소멸예상
압류	강복구(서울특별시)	0	0	0	소멸	(세무2과)███ 미배당금 소멸예상

① 배당에 따른 낙찰자 예상 인수금액을 확인할 수 있다.

권리분석 결론

등기부현황에 의하면 말소기준권리 이후 모두 소멸되며, 임차인현황 및 매각물건명세서에 의하면 대항력(선순위)이 임차인이 점유 중인 것으로 확인되므로 낙찰 후 보증금을 전액 인수하여야 한다. 다만 임차인이 배당요구종기일 내에 배당요구를 하였기에 낙찰가격에 따라 배당금이 산정되어 낙찰자(매수인)는 임차인의 미배당금을 인수하게 된다.

Tip

배당요구종기일이 중요한 이유

배당을 요구할 수 있는 마지막이라는 뜻으로 법원에서는 첫 매각(경매)기일 이전에 종기일을 정한다. 배당은 당연(자동)배당 채권자와, 배당요구를 해야만 배당을 받을 수 채권자로 구분된다. 대표적으로 (근)저당권자가 당연배당권자이며 임차인, 소액임차인 등이 배당요구권자이다. 경매 실무를 하다 보면 간혹 배당요구종기일 내에 배당요구를 하지 못한 채권자가 배당기일에 법원에 출석하였으나 배당금을 수령하지 못하는 안타까운 경우를 보곤 한다. 이렇듯 배당요구 종기일은 매우 중요한 날이다. 매수자(낙찰자) 입장에서는 낙찰 후 인수금액과 명도를 진행할 때 직접 영향을 주기 때문에 반드시 확인해야 하는 부분이다.

■ 건축물대장의 기재 및 관리 등에 관한 규칙 [별지 제5호서식] <개정 2017. 1.20.>

집합건축물대장(전유부, 갑)

(2쪽 중 제1쪽)

고유번호	1130510300-3-00230010	민원24접수번호	20180831 - 34294053	명칭	신우빌리스	호명칭	██
대지위치	서울특별시 강북구 수유동	지번	23-10 외 1필지	도로명주소	서울특별시 강북구 노해로9길 10		

전 유 부 분					소 유 자 현 황			
구분	층별	※구조	용도 ❶	면적(㎡)	성명(명칭) 주민(법인)등록번호 (부동산등기용등록번호)	주소	소유권 지분	변동일자 변동원인
주	2층	철근콘크리트구조	제2종근린생활시설(사무소)	36.5	김○○ *****-******	██████ ██ - 이하여백 - ※ 이 건축물대장은 현소유자만 표시한 것입니다.	1/1	2016.04.08 소유권이전
		- 이하여백 -						
공 용 부 분								
구분	층별	※구조	용도	면적(㎡)				
주	각층	철근콘크리트구조	계단실	8.94				
		- 이하여백 -						

이 등(초)본은 건축물대장의 원본 내용과 틀림없음을 증명합니다.

① 본 건은 집합건축물대장상 주 용도가 제2종근린생활시설(사무소)임을 확인할 수 있다.

총평

본 경매 물건은 대항력(선순위)이 있는 임차인이 있으며 현재 최저가에 낙찰되더라도 인수금액이 약 130,000,000원이므로 감정가격과 현 시세를 반영하여 입찰 여부를 결정하여야 한다.

본 건은 건축물대장상 용도와 현황상 용도가 다른 사례이다. 건물 형태는 다세대(빌라)이나 공부상 용도는 사무소로 되어 있으므로 취득세가 1.1%가 아닌 4.6%이다. 경매 물건은 대장상 용도와 현황상 용도의 일치 여부 확인이 필수요건이다. 현황이 불일치하는 경우 금융권 대출에도 제한이 있으므로 입찰 전에 꼼꼼히 확인하여야 한다.

이렇듯 용도 불일치로 인한 단점이 있음에도 불구하고 입찰을 희망한다면 차후 환가성(매각차익)이 가능한 입찰가격을 산정하여야 한다.

04 오래된 단독주택!
내 눈엔 보물이다
— 우량입지, 신축

Q. 주택의 가치는 어떻게 평가해야 하나?

A. 부동산에서 단독주택, 아파트 등을 포함하여 주택은 안식처 이상의 가치가 있다. 그중에서 가장 중요한 요소는 미래가치이다. 부동산 시장에서 환가성이 뛰어난 주택의 경우 개발호재에 따른 가격 상승이 뚜렷이 나타나는 상품 가치를 지니고 있기에 단순히 리모델링을 통한 부동산의 가격 상승 차원을 넘어 주변의 교통, 학군, 환경, 개발 계획 등을 면밀히 분석하여 취득하는 것이 중요하다. 부동산 재테크 중 가장 많은 분야가 주택이며 가치 상승의 요인이 시시각각 변화되고 있기에 끊임없는 관심이 필요하다.

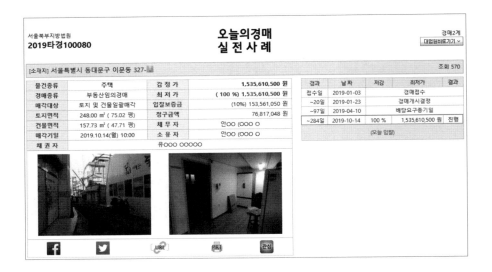

- 사건번호 : 2019타경100080

- 소재지 : 서울특별시 동대문구 이문동 327 외 1필지

물건종류	주택	감정가	1,535,610,500원
경매종류	부동산임의경매	최저가	(100%) 1,535,610,500원
매각대상	토지 및 건물 일괄매각	입찰보증금	(10%) 153,561,050원
토지면적	248.00㎡(75.02평)	청구금액	76,817,048원
건물면적	157.73㎡(47.71평)	채무자	안OO OOO O
매각기일	2019.10.14(월) 10:00	소유자	안OO OOO O
채권자	유OO OOOOO		

목록	주소	구조/용도/대지권	면적	비고
토지	이문동 327-32	대 ❶	165 ㎡ (49.91 평)	
	이문동 327-30	대	83 ㎡ (25.11 평)	
건물	이문로19길 6	단층 주택 ❷	78.93 ㎡ (23.88평)	❸
제시외건물	이문로19길 6	차양막	4.4 ㎡ (1.33평)	포함
	이문로19길 6	주택	9.1 ㎡ (2.75평)	포함
	이문로19길 6	주택	63.3 ㎡ (19.15평)	포함
	이문로19길 6	보일러실	2 ㎡ (0.61평)	포함

① 본 건 토지는 이문동 327-32, 327-30, 총 2개의 필지로 되어 있다. ☞ 부동산은 단일 필지(토지)뿐만 아니라 다중 필지 위에 건축물이 있는 경우도 있다. 또한 건축물이 있는 토지 외에 도로, 농지, 대지, 임야 등이 함께 거래되기도 한다. 통상 부동산 거래 시 매도자의 모든 소유권(공동 소유자 포함)이 매수자에게 이전되기 때문이다. 경매 물건을 보다 보면 종종 지분 경매를 볼 수 있는데, 이 경우는 공동소유자의 부동산 중 일부를 낙찰받을 수 있는 경우라고 보면 된다.

② 본 건은 단층(1층) 주택이다.

③ 토지, 건물 이외에 제시외건물이 매각에 포함되어 있다. ☞ 제시외건물이란 등기사항증명서와 건축물대장에는 존재하지 않지만 부동산 현장에는 존재하는 건물이다. 이러한 경우 법원에서는 제시외건물이 별개이고 완전히 독립된 물건인지 또는 부합물이나 종물인지를 파악하여 경매 물건과 함께 일괄 평가할지 판단한다.

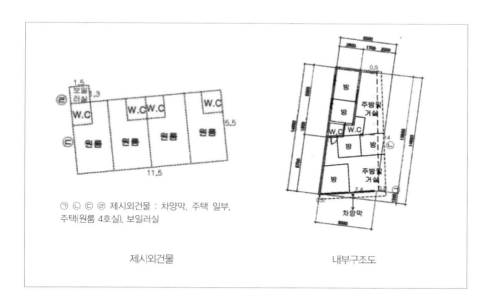

ⓐ ⓑ ⓒ ⓓ 제시외건물 : 차양막, 주택 일부,
주택(원룸 4호실), 보일러실

제시외건물	내부구조도

본 경매 물건의 상세 정보는 다음과 같다.

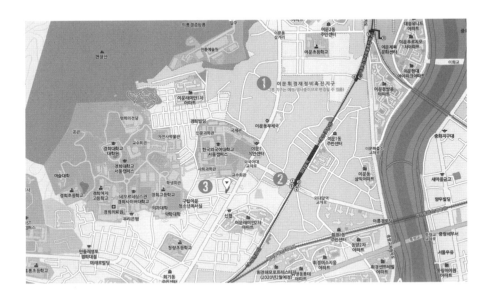

① 주변에는 이문휘경재정비촉진지구 개발이 진행되며 주거 환경이 개선되고 있다.

② 교통 상황은 1호선 외대역이 인근에 있으며 버스 이용도 편리하다.

③ 입지상 외대 및 경희대가 근거리에 있어 상권이 발달되어 있다.

위치 및 주위 환경 본 건은 서울특별시 동대문구 이문동 소재 한국외국어대학교 서울캠퍼스 남쪽에 위치하며 부근은 단독주택, 다세대주택, 아파트 단지, 근린생활시설, 공공시설 등이 소재한다.

교통 상황 본 건까지 차량 출입이 가능하며 인근에 노선버스 정류장이 위치하는 등 제반 대중교통수단 이용이 편리하다.

건물의 구조　시멘트 블록 구조, 슬레이트 지붕 단층 건물

외벽　드라이비트 및 스톤코트 마감

내벽　벽지 도배 및 타일 붙임 마감

창호　하이새시 창호

구조 및 관리 상태　보통

제시 목록 외의 물건　후첨 '건물 이용 상태 및 임대 내역' 참조

설비 내역　위생설비, 급·배수설비, 도시가스설비, 도시가스보일러에 의한 개별 난방설비 등이 되어 있다.

토지의 형상 및 이용 상태　인접지 대비 등고 평탄한 부정형(일단지)의 토지이며, 주거용 건부지 및 도로로 이용 중이다. 본 건 건물은 등기사항전부증명서상 시멘트 블록 구조, 슬레이트 지붕 근린생활시설 및 주택으로, 일반건축물대장상 시멘트 블록 구조, 슬레이트 지붕 일반음식점으로 등재되어 있으나, 현황은 시멘트 블록 구조, 슬래브 지붕 및 경량철판지붕 주택이다.

인접 도로 상태　본 건 남쪽으로 약 4m 폭의 아스팔트 포장도로에 접하고 있다.

토지 이용 계획　도시지역, 제2종일반주거지역(7층 이하), 교육환경보호구역(학교 환경위생정화구역 관련해서는 관할 교육청에 확인이 필요한 사항임), 과밀억제권역〈수도 권정비계획법〉

공부와의 차이　본 건 토지 중 일부는 현황상 도로로 이용 중이고, 정확한 면적 등은 지적경계측량을 해야 한다.

임차인현황 (배당요구종기일 : 2019-04-10)

임차인	용도/점유	전입일자	확정일자	배당요구일	보증금/월세	대항력	비고
김OO	102호(1층 방1칸)	2015.01.30.	2015.10.27.	2019.03.07	25,000,000	X	2015.10.26.부터 2019.10.26.까지
이OO	101호(건물 안쪽, 1층 방1칸)	2014.03.03.	2014.03.03.	2019.03.29	35,000,000	X	2014.01.19.부터 2020.01.19.까지
이OO	104호(입구에서 첫번째방,1층 방1칸)	2016.01.21.	2016.01.25.	2019.04.09	25,000,000	X	2012.02.05.부터 2020.02.04.까지

①

등기부현황(토지)

구분	성립일자	권리소유	권리자	권리금액	인수/소멸
1		소유권	안OO		소멸
2	2011년5월18일	근저당권	이OOOOOOOO	611,000,000원	소멸기준 **②**
3	2011년7월7일	근저당권	이OOOOOOOO	78,000,000원	소멸
4	2014년2월18일	근저당권	박OO	300,000,000원	소멸
5	2019년1월24일	임의경매	유OOOOOOOOOOOO		소멸

등기부현황(건물)

구분	성립일자	권리소유	권리자	권리금액	인수/소멸
1		소유권	안OO		소멸
2	2011년5월18일	근저당권	이OOOOOOOO	611,000,000원	소멸기준 **③**
3	2011년7월7일	근저당권	이OOOOOOOO	78,000,000원	소멸
4	2014년2월18일	근저당권	박OO	300,000,000원	소멸
5	2019년1월24일	임의경매	유OOOOOOOOOOOO		소멸

① 임차인현황 : 임차인의 권리신고 및 현황조사에 의하면 총 3명의 임차인이 있으며 모두 대항력이 없고 총 보증금은 85,000,000원이다.

②, ③ 등기부현황(토지, 건물) 2번 : 2011년 5월 18일, 611,000,000원, 근저당권 (말소기준권리) 소멸기준 ☞ 등기부 순위번호 2번부터 5번까지 모두 소멸된다.

<table>
<tr><td colspan="7">매각물건명세서</td></tr>
</table>

사건	2019타경100080 부동산임의경매		매각물건번호		1	담임법관(사법보좌관)	
작성일자	2019.09.03		최선순위 설정일자		2011.05.18. 근저당 ①		
부동산 및 감정평가액 최저매각가격의 표시	부동산표시목록 참조		배당요구종기		2019.04.10		

부동산의 점유자와 점유의 권원, 점유할 수 있는 기간, 차임 또는 보증금에 관한 관계인의 진술 및 임차인이 있는 경우 배당요구 여부와 그 일자, 전입신고일자 또는 사업자등록신청일자와 확정일자의 유무와 그 일자

점유자의 성명	점유부분	정보출처 구분	점유의 권원	임대차 기간 (점유기간)	보증금	차임	전입신고일자.사 업자등록신청일 자	확정일자	배당요구 여부 (배당요구 일자)
김▦	102호(1층 방1 칸)	권리신고	임차인	2015.10.26.부터 2019.10.26.까지	25,000,000		2015.01.30.	2015.10.27.	2019.03.07
이▦▦	101호(제시외건 물)	현황조사	주거 임차인	미상	3천5백만원	없음	미상	미상	
	101호(건물 안 쪽, 1층 방1칸)	권리신고	주거 임차인	2014.01.19.부터 2020.01.19.까지	35,000,000		2014.03.03.	2014.03.03.	2019.03.29
이▦▦	104호(입구에서 첫번째방,1층 방1칸)	권리신고	주거 임차인	2012.02.05.부터 2020.02.04.까지	25,000,000		2016.01.21.	2016.01.25.	2019.04.09

〈 비고 〉

② ※ 최선순위 설정일자보다 대항요건을 먼저 갖춘 주택.상가건물 임차인의 임차보증금은 매수인에게 인수되는 경우가 발생할 수 있고, 대항력과 우선 변제권이 있는 주택. 상가건물 임차인이 배당요구를 하였으나 보증금 전액에 관하여 배당을 받지 아니한 경우에는 배당받지 못한 잔액이 매수인에게 인수되게 됨을 주의하시기 바랍니다.

※ 등기된 부동산에 관한 권리 또는 가처분으로서 매각으로 그 효력이 소멸되지 아니하는 것

해당사항 없음

※ 매각에 따라 설정된 것으로 보는 지상권의 개요

해당사항 없음

※ 비고란 ③

1. 일괄매각. 제시외 건물 포함. 2. 본건 토지 중 일부는 현황 '도로'로 이용 중이고, 정확한 면적 등은 지적경계측량을 요함. 3. 본건 건물은 등기사항전부증명서상 시멘트블럭조.스레이트지붕 근린생활시설 및 주택, 일반건축물대장상 세멘브럭조 스레트지붕.일반음식점으로 등재 되어 있으나, 현황 세멘브럭조 스레브지붕 및 경량철판지붕 주택으로 이용중임.

매각물건명세서

① 최선순위 설정일자 : 2011. 5. 18. 근저당권(말소기준권리)

② 조사된 임차 내역 : 말소기준권리일 이후 전입한 3명의 임차인이 점유 중이며 모두 배당요구를 하였다.

③ 토지, 건물 일괄매각과 제시외건물을 포함하며 본 건 토지 중 일부는 도로로 이용 중이고, 정확한 면적 등은 지적경계측량을 요한다. 본 건 건물은 등기사항전부증명서상 시멘트 블록 구조, 슬레이트 지붕 근린생활시설 및 주택으로, 일반건축물대장상 시멘트 블록 구조, 슬레이트 지붕 일반음식점으로 등재되어 있으나, 현황은 시멘트 블록 구조 슬래브 지붕 및 경량철판지붕 주택이다.

권리분석 결론

등기부현황에 의하면 말소기준권리 이후 모두 소멸되며, 임차인현황 및 매각물건명세서에 의하면 대항력이 없는 3명의 임차인이 있으나 낙찰 후 보증금 인수사항이 없기에 입찰에 문제가 없다. 단 건축물대장상 용도는 일반음식점이나 현황은 주택으로 이용 중이기 때문에 대출 제한과 아울러 이행강제금 부과 여부를 확인하여야 한다.

지적도

본 경매 물건은 ①327-32과 ②327-30 2필지 토지이다. 위의 지적도와 같이 두 필지가 따로 떨어져 있으며 도로를 포함하여 ①, ② 토지 위에 건축물이 있음을 확인할 수 있다.

일반건축물대장(갑)

(2쪽 중 제1쪽)

고유번호	1123011000-1-03270030	민원24접수번호	20190201 - 94535140	명칭		호수/가구수/세대수 0호/1가구/0세대

대지위치	서울특별시 동대문구 이문동		지번	327-30 외 1필지	도로명주소	서울특별시 동대문구 이문로19길 6

※대지면적 133 m²	연면적 78.93 m²	※지역 제2종일반주거지역 외 1	※지구	※구역
건축면적 m²	용적률 산정용 연면적 m²	주구조 세멘브럭조	주용도 ① 제2종근린생활시설	층수 지하 층/지상 1층
※건폐율 %	※용적률 %	높이	지붕 스레트	부속건축물
※조경면적 m²	※공개 공지 공간 면적 m²	※건축선 후퇴면적	※건축선 후퇴거리 m	

건축물 현황					소유자 현황			
구분	층별	구조	용도 ②	면적(m²)	성명(명칭) 주민(법인)등록번호 (부동산등기용등록번호)	주소	소유권 지분	변동일 변동원인
주1	1층	세멘브럭조	일반음식점	78.93	안○○ ******-*******	▨▨▨ ▨▨▨ ▨▨	/	2017.06.16 등기명의인표시변경
		- 이하여백 -						
					- 이하여백 - ※ 이 건축물대장은 현소유자만 표시한 것입니다.			

이 등(초)본은 건축물대장의 원본 내용과 틀림없음을 증명합니다.

건축물 대장상의 주 용도는 ① 제2종근린생활시설이며, 1층 용도는 ② 일반음식점이다.

(2쪽 중 제2쪽)

고유번호	1123011000-1-03270030	민원24접수번호	20190201 - 94535140	명칭		호수/가구수/세대수 0호/1가구/0세대

대지위치	서울특별시 동대문구 이문동	지번	327-30 외 1필지	도로명주소	서울특별시 동대문구 이문로19길 6

구분	성명 또는 명칭	면허(등록)번호	※주차장					승강기		허가일
건축주			구분	옥내	옥외	인근	면제	승용 대	비상용 대	착공일 ①
설계자								※ 하수처리시설		사용승인일 1984.05.09
공사감리자			자주식	대 m²	대 m²	대 m²		형식		관련 주소
공사시공자 (현장관리인)			기계식	대 m²	대 m²	대 m²	대	용량 인용		지번 327-32

※건축물 에너지효율등급 인증	※에너지성능지표(EPI) 접수	※녹색건축 인증	※지능형건축물 인증	
등급		등급	등급	도로명
에너지절감률(또는 1차에너지 소요량) %(kw/h)	점	인증점수 점	인증점수 점	
유효기간: ~ . .		유효기간: . . ~ . .	유효기간: . . ~ . .	

내진설계 적용 여부	내진능력	특수구조 건축물	특수구조 건축물 유형	
지하수위 G.L m	기초형식	설계지내력(지내력기초인경우) t/m²	구조설계 해석법	

변동사항				
변동일	변동내용 및 원인 ②	변동일	변동내용 및 원인	그 밖의 기재사항
2001.08.24	위반건축물해제:도정58554-2733)호에 의함(해제내용:도 정58554-2562(2001.8.9))		- 이하여백 -	지역: 도시지역 - 이하여백 -
2012.01.30	용도변경: [1층]근린생활시설50.40m²,주택28.53m²→제2종근린생활시설(일반음식점) 78.93m²로 변경. 건축과-1777(2012.01.27)호에 의함.			

※ 표시 항목은 총괄표제부가 있는 경우에는 기재하지 않을 수 있습니다.

177

본 건축물의 사용승인일은 ① 1984. 5. 9.이며 ② 2001. 8. 24.에 위반건축물 해제 후 2012. 1. 30.에 근린생활시설, 주택에서 제2종근린생활시설(일반음식점)로 용도를 변경하였다.

총평

권리분석상 신고된 3명의 임차인이 있으나 모두 대항력이 없기에 낙찰 후 인수사항이 없다. 응찰 전에 신고된 임차인의 진정성 여부와 배당금을 산정하여 명도 난이도를 예측할 수 있다. 배당금 수령이 가능한 임차인은 명도확인서를 통한 협상이 핵심이라 할 수 있다. 자세한 사항은 파트 1에서 명도 관련하여 설명한 내용을 참고하길 바란다.

본 건은 2필지로 되어 있으나 토지가 떨어져 있기에 2필지 사이에 인접한 다른 소유자의 토지 매입이 가능한가를 고려하여야 하며, 매입이 가능하다면 철거 후 신축 계획을 세워야 한다.

토지 매입에 관련해서는 미래를 예측할 수 없으나, 낙찰 후 합리적인 방법으로 해결해 나간다면 초우량 입지에 상상하지도 못할 가치 있는 건축물로 탄생할 수 있다.

05 전원주택의 로망이 깨질 수 있다

— 건축년도, 접근성

Q. 전원주택은 어떤 것이 좋은가?

A. 전망 좋은 집? 접근성이 좋은 집? 누구나 예상할 수 있는 모범 답안이다. 추가하자면 3가지를 더 염두에 두어야 한다.

첫째, 주택의 건축 시기와 주 구조이다. 전원주택의 경우 목조 형태의 건축물이 많은데 철근 콘크리트 건축물에 비해 건물의 감가상각이 빠르게 이루어지기 때문이다.

둘째, 주위에 혐오시설이 있는가이다. 고압 전기 철탑이나 공장지대, 묘지 등 전원주택지 인근에 이러한 시설이 있다면 손쓸 수 있는 방법이 없다.

셋째, 넓은 주택의 꾸준한 관리 문제이다. 주택 내의 조경부터 소소한 관리까지 많은 노력이 유지되어야 한다. 삶의 질을 높이기 위해 취득한 전원주택이 애물단지로 전락하는 경우가 발생한다면 이보다 불행할 수 없기에 단순한 로망으로 접근하는 것은 금물이다.

■ 사건번호 : 2019타경1263

■ 소재지 : 경기도 양평군 용문면 덕촌리 61-10

물건종류	주택	감정가	267,612,510원
경매종류	부동산임의경매	최저가	(49%) 131,130,000원
매각대상	토지 및 건물 일괄매각	입찰보증금	(10%) 13,113,000원
토지면적	417.00㎡(126.14평)	청구금액	128,706,519원
건물면적	132.27㎡(40.01평)	채무자	전○○
매각기일	2019.11.06(수) 10:00	소유자	전○○
채권자	용○○○○○○○		

목록	주소	구조/용도/대지권	면적
토지	덕촌리 446	대	417㎡(126.14평)
건물	덕촌길211번길 61-10	1층 주택	94.47㎡(28.58평)
	덕촌길211번길 61-10	2층 주택	37.8㎡(11.43평)

본 경매 물건의 상세 정보는 다음과 같다.

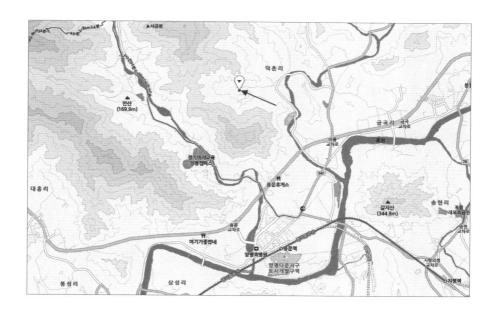

위치 및 주위 환경 본 건은 경기도 양평군 용문면 덕촌리 소재 덕촌2리마을회관 남서쪽에 위치한다. 주위에는 농경지, 목장, 단독주택 및 임야 등이 혼재하는 지대로서 제반 주위 환경은 보통이다.

교통 상황 본 건까지 차량 접근이 가능하고, 근거리에 버스 정류장이 있지만 운행빈도 등으로 보아 교통 상황은 좋은 편이 아니다.

건물의 구조 본 건물은 블록 구조, 경량 패널 지붕 2층 건물(사용승인일 : 2015. 11. 5.)

외벽 목재 및 모르타르 위 페인팅 마감

내벽 벽지 도배 마감 등

창호 새시 창호

설비 내역 위생설비, 급·배수설비, 난방설비 등이 구비되어 있다.

토지의 형상 및 이용 상태 부정형의 완경사지이며, 주거용 건부지로서 단독주택(1층 : 방2, 화장실 2, 주방 및 거실, 보일러실 등 / 2층 : 방, 가족실, 발코니 및 계단실 등)으로 이용 중이다.

인접 도로 상태 본 건 남쪽으로 폭 약 4m 내외의 포장도로에 접하고 있다.

토지 이용 계획 계획관리지역(계획관리지역), 자연보전권역, 수질보전특별대책지역(2권역)이다.

공부와의 차이 없다.

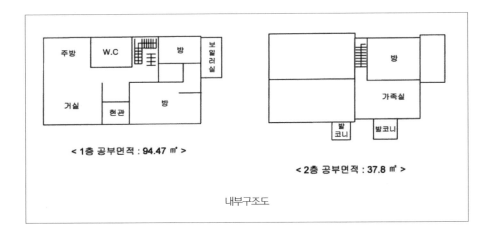

< 1층 공부면적 : 94.47 ㎡ >

< 2층 공부면적 : 37.8 ㎡ >

내부구조도

임차인현황 (배당요구종기일 : 2019-05-21)

임차인	용도/점유	전입일자	확정일자	배당요구일	보증금/월세	대항력	비고
김OO		2018.08.17.				x	❶

비고 : 가. 본건 목적물 소재지에 출장한 바 문이 잠겨있고, 거주자가 부재중이여서 점유관계 등을 조하사지 못하였음.
　　　나. 전입세대 열람한 결과 본건에는 제3자 세대가 주민등록 전입이 되어 있으므로, 제3자 주민등록 전입된 세대를 임차인으로 보고함 ❷

등기부현황(토지)

구분	성립일자	권리소유	권리자	권리금액	인수/소멸
1		소유권	전OO		소멸
2	2015년11월9일	근저당권	용OOOOOOO	144,000,000원 ❸	소멸기준
3	2015년11월17일	근저당권	박OO	75,000,000원	소멸
4	2015년11월26일	근저당권	안OO	70,000,000원	소멸
5	2015년11월26일	근저당권	김OO	100,000,000원	소멸
6	2018년9월20일	가압류	비OOOOOOOOOOOOOOOOO	50,371,204원	소멸
7	2019년2월15일	임의경매	용OOOOOOO		소멸
8	2019년3월5일	압류	중OO		소멸

등기부현황(건물)

구분	성립일자	권리소유	권리자	권리금액	인수/소멸
1		소유권	전OO		소멸
2	2015년11월9일	근저당권	용OOOOOOO	144,000,000원 ❹	소멸기준
3	2015년11월17일	근저당권	박OO	75,000,000원	소멸
4	2015년11월26일	근저당권	안OO	70,000,000원	소멸
5	2015년11월26일	근저당권	김OO	100,000,000원	소멸
6	2018년9월20일	가압류	비OOOOOOOOOOOOOOOOO	50,371,204원	소멸
7	2019년2월15일	임의경매	용OOOOOOO		소멸
8	2019년2월26일	압류	국OOOOOOO		소멸

① 임차인현황 : 권리신고에 의하면 대항력 없는 임차인 '김OO'이 있으나 전입세대 열람에 의하면 ② 제3자가 점유하고 있는 것으로 확인된다.

③, ④ 등기부현황(토지, 건물) 2번 : 2015년 11월 9일, 144,000,000원, 근저당권(말소기준권리) 소멸기준 ☞ 등기부 순위번호 2번부터 8번까지 모두 소멸된다.

매각물건명세서									
사건	2019타경1263 부동산임의경매			매각물건번호		1	담임법관(사법보좌관)		
작성일자	2019.09.09			최선순위 설정일자		2015. 11. 9. 근저당 ①			
부동산 및 감정평가액 최저매각가격의 표시	부동산표시목록 참조			배당요구종기		2019.05.21			

부동산의 점유자와 점유의 권원, 점유할 수 있는 기간, 차임 또는 보증금에 관한 관계인의 진술 및 임차인이 있는 경우 배당요구 여부와 그 일자, 전입신고일자 또는 사업자등록신청일자와 확정일자의 유무와 그 일자

점유자의 성명	점유부분	정보출처 구분	점유의 권원	임대차 기간 (점유기간)	보증금	차임	전입신고일자,사 업자등록신청일 자	확정일자	배당요구 여부 (배당요구 일자)
김■■		현황조사	주거 임차인			②	2018.08.17.		
		현황조사	주거 임차인				2018.08.17.		

〈 비고 〉

※ 최선순위 설정일자보다 대항요건을 먼저 갖춘 주택.상가건물 임차인의 임차보증금은 매수인에게 인수되는 경우가 발생할 수 있고, 대항력과 우선 변제권이 있는 주택.상가건물 임차인이 배당요구를 하였으나 보증금 전액에 관하여 배당을 받지 아니한 경우에는 배당받지 못한 잔액이 매수인에게 인수되게 됨을 주의하시기 바랍니다.

※ 등기된 부동산에 관한 권리 또는 가처분으로서 매각으로 그 효력이 소멸되지 아니하는 것
해당사항 없음

※ 매각에 따라 설정된 것으로 보는 지상권의 개요
해당사항 없음

※ 비고란
일괄매각

매각물건명세서

① 최선순위 설정일자 : 2015. 11. 9. 근저당권(말소기준권리)

② 조사된 임차 내역 : 말소기준권리일 이후 전입한 1명의 임차인이 있다.

권리분석 결론

등기부현황에 의하면 말소기준권리 이후 모두 소멸되며, 임차인현황 및 매각물건명세서에 의하면 대항력이 없는 임차인이 있으나 전입세대열람에 의하면 제3자가 전입되어 있다. 명도에서 인도명령 신청은 임차인과 현 점유자 상대로 진행되어야 하나 입찰에 큰 문제는 없다.

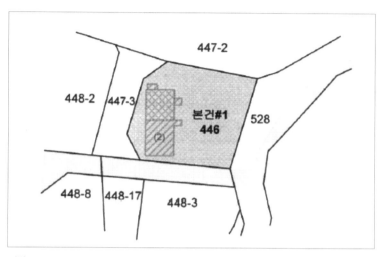

지적도

토지면적은 417.00㎡(126.14평)이나 건물면적은 132.27㎡(40.01평)이다.

본 건 전경

본 건 전경을 보면 넓은 토지 위에 아담한 2층짜리 주택이 있다. 마당과 주택 외관을 볼 때 비교적 관리가 잘 되고 있는 것으로 보인다. 주변 환경을 통해 주거 환경을 짐작할 수 있다.

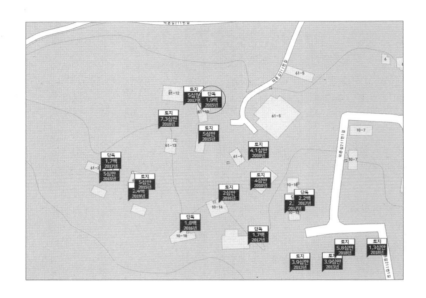

본 경매 물건의 인접 토지 2017년 실거래가를 보면 토지 평단가는 500,000원이며 인근에서는 2,4000,000원이 가장 높다.

본 건은 토지면적당 단가는 1,981,886원/3.3㎡(평)이며, 공시지가는 2019년 1월 기준으로 137,400원/㎡이다.

사건번호 물건번호 담당계	소 재 지	용도	감정가 최저가	매각기일 [입찰인원]	결과 유찰수 %
2018-7066 경매2계	경기도 양평군 용문면 화전리 872-5 [토지 360평][건물 50.6평] [공동담보]	주택	333,543,640 163,437,000 매각 194,999,999	2019-06-19 [입찰1명] 박○○	배당종결 (49%) (58%)
2018-8151 경매2계	경기도 양평군 용문면 삼성리 406 [토지 162.1평][건물 21.9평] [공동담보]	주택	174,470,750 85,491,000 매각 137,800,090	2019-05-08 [입찰14명] 홍○○	배당종결 (49%) (79%)
2018-7202 경매2계	경기도 양평군 용문면 화전리 228-17 [토지 170.6평][건물 66.1평] [공동담보]	주택	452,167,320 221,562,000 매각 275,500,000	2019-05-08 [입찰6명] 김○○	배당종결 (49%) (61%)
2018-942 경매2계	경기도 양평군 용문면 광탄리 441-35 제1동 [토지 129.2평][건물 44.3평] [관련사건, 공동담보]	주택	384,974,600 269,482,000 매각 350,000,000	2019-01-16 [입찰3명] 정○○	배당종결 (70%) (91%)
2017-10713 경매4계	경기도 양평군 용문면 오촌리 60 [토지 182.7평][건물 69.1평] [공동담보]	주택	457,483,200 156,917,000 매각 226,260,000	2018-11-07 [입찰7명] 노○○	배당종결 (34%) (49%)

인근 낙찰 사례

경매 입찰 전에 인근 지역의 매각 사례를 통해 시세 대비 낙찰가율을 산정해 볼 수 있다. 그러나 부동산은 개별성이 강하므로 참고용으로만 보는 것이 좋다.

총평

권리분석상 1명의 임차인이 있으나 대항력이 없기에 입찰에 무리가 없다. 다만 제3자가 점유하고 있으므로 입찰 전에 반드시 점유자 확인이 필요하다.

본 건은 건축 사용승인일이 2015년 11월이며 건물의 구조가 블록 구조이므로 낙찰 후 특별한 수리비용이 발생하지 않을 것이다. 토지면적이 417㎡(126.14평)이며 주택은 전용면적이 132.27㎡(40.01평)로 넉넉한 공간과 더불어 용문산을 품고 있어 전원주택으로서 최상의 입지를 갖추고 있다. 대중교통이 좋지 않아 접근성이 떨어진다는 점이 아쉽지만 현재 경매 최저가격이 1억 원 초반대임을 감안하면 도전해 볼 만하다.

06 수익률 좋은 다가구주택, 고통을 즐겨라

― 대출, 배당, 명도

Q. 수익률이 좋은 다가구주택은 취득 후 관리의 어려움이 없는가?

A. 같은 연면적일 때 근린생활시설 빌딩이나 건물 대비 수익률은 다가구주택이 높다. 특히 주거 수요가 많은 학교, 직장 인근에는 소형 주택이 강세이기 때문에 근린생활시설에서 주거 용도로 변경하는 경우가 종종 있다.

다가구주택을 취득하기 전 세대수(방 개수)에 따른 대출 제한과 건축법상 용도에 맞는 주거시설인지 반드시 파악하여야 한다. 취득 후 건축물의 위반사항이 발견되면 이행강제금과 아울러 대출 연장에 대한 제한 등 어려움이 따를 수 있기 때문이다. 다만 높은 수익률을 얻기 위해 패널티를 감수하더라도 용도 변경을 감행하는 경우가 있다.

세대수가 많은 다가구주택의 경우는 관리가 어렵다. 특히 임대수익에 대비를 해야 한다. 임차인을 선정할 때 신중하지 못하면 낭패를 보기 십상이다. 하이리스크 하이리턴의 대표적인 부동산이 다가구주택이라 할 수 있다.

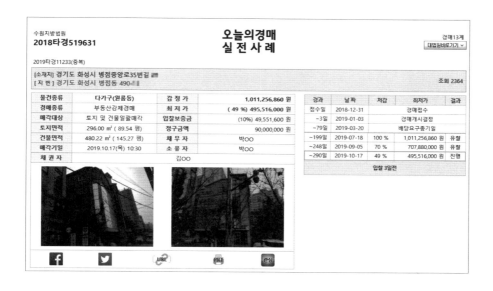

수원지방법원
2018타경519631

오늘의경매
실 전 사 례

경매13계
대법원바로가기

2019타경11233(중복)

[소재지] 경기도 화성시 병점중앙로35번길 ▓▓
[지 번] 경기도 화성시 병점동 490-▓▓

조회 2364

물건종류	다가구(원룸등)	감 정 가	1,011,256,860 원
경매종류	부동산강제경매	최 저 가	(49 %) 495,516,000 원
매각대상	토지 및 건물일괄매각	입찰보증금	(10%) 49,551,600 원
토지면적	296.00 ㎡ (89.54 평)	청구금액	90,000,000 원
건물면적	480.22 ㎡ (145.27 평)	채 무 자	박OO
매각기일	2019.10.17(목) 10:30	소 유 자	박OO
채 권 자	김OO		

경과	날짜	저감	최저가	결과
접수일	2018-12-31		경매접수	
~3일	2019-01-03		경매개시결정	
~79일	2019-03-20		배당요구종기일	
~199일	2019-07-18	100 %	1,011,256,860 원	유찰
~248일	2019-09-05	70 %	707,880,000 원	유찰
~290일	2019-10-17	49 %	495,516,000 원	진행

입찰 3일전

■ 사건번호 : 2018타경519631

■ 소재지 : 경기도 화성시 병점중앙로35번길 27

물건종류	다가구(원룸 등)	감정가	1,011,256,860원
경매종류	부동산강제경매	최저가	(49%) 495,516,000원
매각대상	토지 및 건물 일괄매각	입찰보증금	(10%) 49,551,600원
토지면적	296.00㎡(89.54평)	청구금액	90,000,000원
건물면적	480.22㎡(145.27평)	채무자	박OO
매각기일	2019.10.17(목) 10:30	소유자	박OO
채권자	김OO		

목록	주소	구조/용도/대지권	면적
토지	병점동 490-13	대	88㎡(26.62평)
	병점동 491-3	대	208㎡(62.92평)
건물	병점중앙로35번길 27	1층 주택	24.82㎡(7.51평)
	병점중앙로35번길 27	2층 주택	151.83㎡(45.93평)
	병점중앙로35번길 27	3층 주택	151.83㎡(45.93평)
	병점중앙로35번길 27	4층 주택	151.74㎡(45.90평)

본 경매 물건의 상세 정보는 다음과 같다.

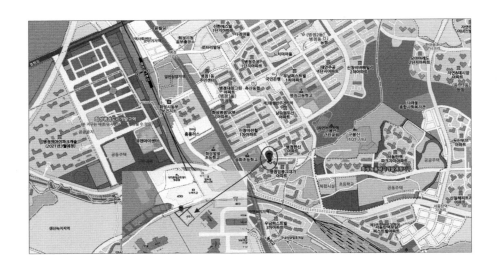

위치 및 주위 환경 본 건은 경기도 화성시 병점동 소재 송화초등학교 남동쪽에 위치하며 주위는 아파트 주변 상가지대이다. 인근에 아파트, 다세대주택, 학교, 관공서, 근린생활시설, 공원 등이 소재하며 제반 주위 환경은 보통인 편이다.

교통 상황 제반 차량 접근이 용이하고 인근에 버스 정류장이 소재하여 대중교통

이용은 우수한 편이다.

건물의 구조 철골 구조, 슬라브 지붕 4층 다가구 주택

외벽 적벽돌 치장 쌓기 및 드라이비트 마감

내벽 벽지 도배 및 타일 붙임

창호 알루미늄 새시, 이중창

설비 내역 위생설비, 급·배수설비, 개별 난방설비, 지상주차장설비 등

토지의 형상 및 이용 상태 2필 일단의 부정형 평지의 토지이며, 주거용(다가구주택) 건부지로서 다가구 주택으로 이용 중이다.

1층 : 계단실

2층 : 다가구주택(3가구)

3층 : 다가구주택(3가구)

4층 : 다가구주택(3가구)

인접 도로 상태 본 건 북쪽으로 약 폭 5~6m 도로와 접한다.

토지 이용 계획 준주거지역, 상대보호구역〈교육환경 보호에 관한 법률〉, 성장관리권역〈수도권정비계획법〉

공부와의 차이 없다.

임차인	용도/점유	전입일자	확정일자	배당요구일	보증금/월세	대항력	비고
강OO	203호	2016.5.26.	2016.5.26.	2019.03.08	90,000,000	X	2016.5.26.~2018.5.25.
김OO	303호	2016.05.19.	2016.05.19.		90,000,000	X	2016.05.19~
김OO	302호				100,000,000		2018.3.23~2020.3.22.
명O	3층 301호 (40㎡)	2016.7.22.	2016.6.20.	2019.02.12	90,000,000	X	2016.7.2.~2018.8.21.
서OO		2014.04.01				O ● ①	
송OO	4층 403호 (151.74㎡)	2016.3.2.	2019.1.16.	2019.01.16	100,000,000	X	2016.3.4.~
원OO	401호 전부	2017.6.8.	2017.7.18.	2019.02.07	80,000,000	X	2017.7.28.~2019.7.27.
이OO	202호	2017.2.16.	2017.2.2.	2019.01.17	80,000,000	X	2017.2.15.~2019.2.14.
정OO	402호 전부	2017.7.10.	2017.7.4.	2019.01.25	80,000,000	X	2017.7.8.~2019.7.7.
진OO	201호 전부	2017.2.9.	2017.2.3.	2019.01.16	80,000,000	X	2017.2.9.~2019.2.8.
비고 (매각물건명세서)		김■■■ : 경매신청채권자임. 김■■■ : 전세권설정등기일 : 2018. 3. 23.					

① 임차인현황 : 권리신고에 의하면 임차인 '서OO'은 전입일상 대항력이 있으므로 보증금이 있을 경우 인수 여지가 있으니 주의해야 하며, 나머지 임차인은 모두 대항력이 없다.

등기부현황(토지)

구분	성립일자	권리소유	권리자	권리금액	인수/소멸
1		소유권	박OO		소멸
2	2015년9월15일	근저당권	(OOOOOO	396,000,000원 ● ①	소멸기준
3	2019년1월3일	강제경매	김OO		소멸
4	2019년5월14일	임의경매	(OOOOOOO		소멸

등기부현황(건물)

구분	성립일자	권리소유	권리자	권리금액	인수/소멸
1		소유권	박OO		소멸
2	2015년9월15일	근저당권	(OOOOOO	396,000,000원 ● ②	소멸기준
3	2018년3월23일	전세권	김OO	100,000,000원	소멸
4	2018년6월28일	임차권설정	김OO	90,000,000원	소멸
5	2018년8월13일	임차권설정	명O	90,000,000원	소멸
6	2019년1월3일	강제경매	김OO		소멸
7	2019년5월14일	임의경매	(OOOOOOO		소멸

①, ② 등기부현황(토지, 건물) 2번 : 2015년 9월 15일, 396,000,000원, 근저당권(말소기준권리) 소멸기준 ☞ 등기부 순위번호 2번부터 토지 4번, 건물 7번까지 모두 소멸된다.

매각물건명세서					
사건	2018타경519631 부동산강제경매 2019타경11233(중복)	매각물건번호	1	담임법관(사법보좌관)	
작성일자	2019.09.27	최선순위 설정일자 ❶	2015.09.15. 근저당권		
부동산 및 감정평가액 최저매각가격의 표시	부동산표시목록 참조	배당요구종기	2019.03.20		

※ 등기된 부동산에 관한 권리 또는 가처분으로서 매각으로 그 효력이 소멸되지 아니하는 것

해당사항 없음

※ 매각에 따라 설정된 것으로 보는 지상권의 개요

해당사항 없음

※ 비고란

일괄매각

매각물건명세서

① 최선순위 설정일자 : 2015. 9. 15. 근저당권(말소기준권리)

※조사된 임차 내역 : 앞선 임차인현황과 동일한 내용이다.

권리분석 결론

등기부현황에 의하면 말소기준권리 이후 모두 소멸되며, 임차인현황 및 매각물건명세서에 의하면 대항력이 있는 1명의 임차인이 있으며 나머지 임차인은 모두 대항력이 없다. 입찰에는 큰 무리가 없으나 후순위 임차인 대다수가 배당(보증금)을 받을 수 없기에 명도 계획을 철저히 세워야 한다.

대지면적	296.00m²	연면적	480.22m²	건축면적	186.24m²	용적율연면적	480.22m²
건폐율	62.92%	용적율	162.24%	주용도	단독주택 ❶	허가일	2002-04-29
착공일	2002-12-07	사용승인일	2003-07-24 ❷				

* 지상, 1층, 철골조, 다가구주택, 24.82m²
* 지상, 2층, 철골조, 다가구주택, 151.83m²
* 지상, 3층, 철골조, 다가구주택, 151.83m²
* 지상, 4층, 경량철골, 다가구주택, 151.74m²

지번	490-13	지목/면적	대 (88.0m²)	공시지가	기준일 : 2019/01 → 2,031,000원 / m²
* 준주거지역 * 비행안전제2구역 * 성장관리권역 * 상대정화구역					
지번	491-3	지목/면적	대 (208.0m²)	공시지가	기준일 : 2019/01 → 2,031,000원 / m²
* 준주거지역 * 비행안전제2구역 * 성장관리권역 * 상대정화구역					

위의 자료는 토지이용계획확인원 및 건축물대장을 요약한 부동산 종합공부 내용이다.

① 건축물의 주 용도는 단독주택(다가구주택)이며, ② 건축물 사용승인일은 2003년 7월 24일이다. 본 건은 토지이용계획상 준주거지역에 해당하며 지상 4층으로서 건축물대장상 적법한 물건이다. 참고로 건물 내 엘리베이터는 없으며 옥외 주차공간은 7대이다.

번호	명칭	분기	거래기간	연면적(m²)	대지면적(m²)	거래금액(단위:만원)	건축년도(유형)
82		2019년 2분기	2019.4.21 ~ 2019.4.31	407.54	239	77,200	2006(다가구)
81		2018년 2분기	2018.6.01 ~ 2018.6.10	185.31	247	56,900	1989(단독)
80		2018년 2분기	2018.5.01 ~ 2018.5.10	107.56	264	69,000 ❶	1980(단독)
79		2018년 1분기	2018.3.11 ~ 2018.3.21	165.66	272	76,000	1995(단독)
78		2017년 4분기	2017.10.11 ~ 2017.10.21	322.92	187.6	60,000	2007(다가구)
77		2017년 4분기	2017.10.11 ~ 2017.10.21	342.12	225.5	78,000	2007(단독)
76		2016년 4분기	2016.12.01 ~ 2016.12.10	77.07	150	36,290	1985(단독)
75		2016년 2분기	2016.5.11 ~ 2016.5.21	117.23	277	27,000	(단독)

본 경매 물건 인근의 주택 실거래가를 보면 ① 대지면적 239m²(72.3평), 거래금액은 772,000,000원이며, 대지면적 272m²(82.3평), 거래금액은 760,000,000원이다. 본 건의 토지면적은 296m²(89.54평)이며, 현재 감정가는 1,011,256,860원이다. 토지

면적당 감정단가는 11,293,912원/3.3㎡(평)이며 공시지가는 2019년 1월 기준으로 2,031,000원/㎡이다.

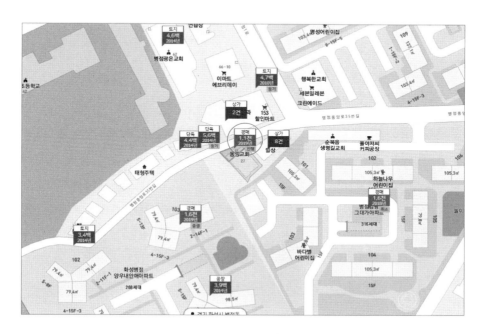

배당순위	권리종류	권리자	채권금액	배당할금액	배당금액	미배당금액	실재배당할 총금액
0순위	경매신청비용	김■■	0		4,642,112	0	490,873,888
1순위	(근)저당	신한은행	396,000,000	396,000,000	396,000,000	0	94,873,888
2순위	확정일자주택임차인	김■■	90,000,000	90,000,000	90,000,000	0	4,873,888
3순위	주택임차권	김■■	90,000,000	0	0	0	4,873,888
4순위	확정일자주택임차인	강■■	90,000,000	90,000,000	4,873,888	85,126,112	0
5순위	확정일자주택임차인	명■■	90,000,000	90,000,000	0	90,000,000	0
6순위	주택임차권	명■■	90,000,000	90,000,000	0	90,000,000	0
7순위	확정일자주택임차인	진■■	80,000,000	80,000,000	0	80,000,000	0
8순위	확정일자주택임차인	이■■	80,000,000	80,000,000	0	80,000,000	0
9순위	확정일자주택임차인	정■■	80,000,000	80,000,000	0	80,000,000	0
10순위	확정일자주택임차인	원■■	80,000,000	80,000,000	0	80,000,000	0
11순위	전세권	김■■	100,000,000	100,000,000	0	100,000,000	0
12순위	강제경매	김■■	90,000,000	0	0	0	0
13순위	확정일자주택임차인	송■■	100,000,000	100,000,000	0	100,000,000	0

❶

배당순위

① 본 물건이 현재 최저가인 495,516,000원으로 매각(낙찰) 시 후순위 임차인 대부분이 배당을 받을 수 없다. 본 건의 임차인수가 10명이며 임차보증금 합계금액이 790,000,000원임을 감안하면 심각한 수준이라 할 수 있다. 위의 자료는 배당순위에 의한 각 채권자의 예상 배당금을 산정한 내용인데 입찰 전에 임차인과 명도 협상을 고려해야 한다.

주택임대차보호법 소액임차인의 범위 및 최우선 변제 금액 (2018. 9. 18 개정 반영)

개정	적용 일자	구 분	서울특별시 및 광역시			기타 지역
	1984. 06. 14	소액임차인 범위	300 만원 이하			200 만원 이하
		최우선변제금				
1차	1987. 12. 01	소액임차인 범위	500 만원 이하			400 만원 이하
		최우선변제금				
2차	1990. 02. 19	소액임차인 범위	2,000 만원 이하			1,500 만원 이하
		최우선변제금	700 만원 이하			500 만원 이하
3차	1995. 10. 19	소액임차인 범위	3,000 만원 이하			2,000 만원 이하
		최우선변제금	1,200 만원 이하			800 만원 이하
4차	2001. 09. 15	구 분	서울, 과밀억제(인천 포함)	광역시(군, 인천 제외)		기타 지역
		소액임차인 범위	4,000 만원 이하	3,500 만원 이하		3,000 만원 이하
		최우선변제금	1,600 만원 이하	1,400 만원 이하		1,200 만원 이하
5차	2008. 08. 21	소액임차인 범위	6,000 만원 이하	5,000 만원 이하		4,000 만원 이하
		최우선변제금	2,000 만원 이하	1,700 만원 이하		1,400 만원 이하
6차	2010. 07. 26	구 분	서 울	과밀억제권역	광역시(군 제외) 안산, 용인, 김포, 광주	기타 지역
		소액임차인 범위	7,500 만원 이하	6,500 만원 이하	5,500 만원 이하	4,000 만원 이하
		최우선변제금	2,500 만원 이하	2,200 만원 이하	1,900 만원 이하	1,400 만원 이하
7차	2014. 01. 01	구 분	서 울	과밀억제권역	광역시(군 제외) 안산, 용인, 김포, 광주	기타 지역
		소액임차인 범위	9,500 만원 이하	8,000 만원 이하	6,000 만원 이하	4,500 만원 이하
		최우선변제금	3,200 만원 이하	2,700 만원 이하	2,000 만원 이하	1,500 만원 이하
8차	2016. 03. 31	구 분	서 울	과밀억제권역	광역시(군 제외) 안산, 용인, 김포, 광주, 세종	기타 지역
		소액임차인 범위	1억 이하	8,000 만원 이하	6,000 만원 이하	5,000 만원 이하
		최우선변제금	3,400 만원 이하	2,700 만원 이하	2,000 만원 이하	1,700 만원 이하
9차	2018. 09. 18	구 분	서 울	과밀억제권역, 세종, 용인, 화성	광역시(군 제외) 안산, 김포, 광주, 파주	기타 지역
		소액임차인 범위	1억1천 만원 이하	1억원 이하	6,000 만원 이하	5,000 만원 이하
		최우선변제금	3,700 만원 이하	3,400 만원 이하	2,000 만원 이하	1,700 만원 이하

위의 자료는 주택임대차보호법 소액임차인의 범위 및 최우선변제금액(2018.9.개정)이다. 다가구주택 담보대출 시 방공제(최우선변제금액) 금액뿐만 아니라 경매 진행 시 임차인이 배당을 받을 경우 꼭 필요한 부분이므로 숙지하길 바란다.

Tip

다가구주택은 대출이 거의 안 나온다?

주택은 형태와 상관없이 융자를 받을 때 대출기관에서 방공제(최우선변제금액)를 한다. 주택임대차보호법에 의하여 지역별로 임차인의 재산을 보호할 수 있도록 최우선변제금액을 정해 놓기 때문에 1순위 근저당을 설정한 대출기관의 배당순위가 뒤로 밀리는 경우가 발생한다. 따라서 금융기관에서는 추후에 손실을 적게 보기 위해 주택의 방 개수만큼 최우선변제액을 공제하고 대출을 실행한다. 예를 들어 서울에 소재한 주택의 경우, 임차인이 4명 전입 가능하다면 최우선변제금액은 3,700만 원이며 총 148,000,000원 방공제 금액이 발생한다. 즉 담보 가능한 대출금액에서 총 148,000,000원을 차감하여 대출이 가능하다는 것이다.

금융기관마다 방 수를 차감하는 방식은 약간의 차이가 있으나 최근에 대출규제 강화로 인해 잔금대출에 어려움이 많은 실정이다. 일반 부동산에 비해 다가구주택의 담보대출한도는 제한적이기에 입찰 전에 자금 계획을 철저히 세워야 하며 1, 2금융권을 비롯하여 담보신탁을 활용한 대출을 알아보는 것도 하나의 방법이다.

총평

권리분석상 임차인 다수가 신고된 다가구주택이며 1명의 임차인을 제외하고 모두 대항력이 없다. 1명의 선순위 임차인은 경매 진행 중 권리신고를 하지 않았기에 진정성을 확인해야 한다. 본 건은 1층을 제외하고 2층부터 4층까지 총 9가구이며 모두 전세 세입자이므로 낙찰 후 월세 전환 시 수익률도 사전에 검토해야 한다.

지하철 1호선 병점역이 근거리에 있는 배후수요가 많은 입지이나 대출제한의 걸림돌과 배당을 받지 못하는 임차인들과의 명도 협상 계획까지 종합적인 검토가 필요하다. 또한 권리분석상 큰 문제가 없음에도 불구하고 최초 감정가격 대비 절반까지 떨어진 이유를 철저히 조사해야 한다. 이를테면 현 시세의 하락 원인과 낙찰 후 리모델링 비용 등에 관한 것들이다.

07 리모델링으로 부동산 가치를 높여라

— 도시재생 뉴딜

Q. 구도심의 노후된 건물을 취득하는 것은 어떤가?

A. 낡은 건물을 취득할 경우에는 리모델링 비용 산정이 중요하며 새로운 임차인 구성에 대한 계획도 세워야 한다. 역세권이라도 구도심의 개발 계획이 없는 부동산을 취득하는 것은 중장기적 플랜이기에 시장의 흐름을 지켜봐야 한다. 이러한 경우 자체 개발에 필요한 토지면적을 고려해야 하며 지구단위계획구역에 따른 행위 제한도 사전에 점검해야 한다.

접근성이 뛰어난 부동산이라도 미래가치가 없다면 신도시의 부동산보다 가치가 하락할 수밖에 없다. 흔히 말하는 경매 고수들은 겉보기에 낡고 수익률이 낮은 부동산을 저렴하게 취득한 뒤 멋지게 재탄생시킴으로써 주위의 시선을 사로잡는 경우가 많다.

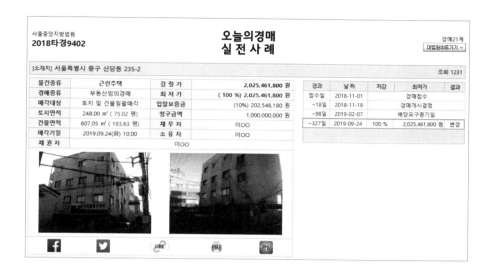

**오늘의경매
실 전 사 례**

[소재지] 서울특별시 중구 신당동 235-2

조회 1231

물건종류	근린주택	감 정 가	2,025,461,800 원
경매종류	부동산임의경매	최 저 가	(100 %) 2,025,461,800 원
매각대상	토지 및 건물일괄매각	입찰보증금	(10%) 202,546,180 원
토지면적	248.00 ㎡ (75.02 평)	청구금액	1,000,000,000 원
건물면적	607.05 ㎡ (183.63 평)	채 무 자	이OO
매각기일	2019.09.24(화) 10:00	소 유 자	이OO
채 권 자			이OO

경과	날짜	저감	최저가	결과
접수일	2018-11-01		경매접수	
~18일	2018-11-19		경매개시결정	
~98일	2019-02-07		배당요구종기일	
~327일	2019-09-24	100 %	2,025,461,800 원	변경

- 사건번호 : 2018타경9402
- 소재지 : 서울특별시 중구 신당동 235-2

물건종류	근린주택	감정가	2,025,461,800원
경매종류	부동산임의경매	최저가	(100%) 2,025,461,800원
매각대상	토지 및 건물 일괄매각	입찰보증금	(10%) 202,546,180원
토지면적	248.00㎡(75.02평)	청구금액	1,000,000,000원
건물면적	607.05㎡(183.63평)	채무자	이OO
매각기일	2019.09.24(화) 10:00	소유자	이OO
채권자	이OO		

목록	주소	구조/용도/대지권	면적	비고
토지	신당동 235-2	대	248㎡(75.02평)	
건물	다산로39길 45	1층 근린생활시설	113.42㎡(34.31평)	
	다산로39길 45	2층 근린생활시설	113.42㎡(34.31평)	
	다산로39길 45	3층 근린생활시설	113.42㎡(34.31평)	
	다산로39길 45	4층 주택	113.42㎡(34.31평)	
	다산로39길 45	지층 근린생활시설	143.37㎡(43.37평)	
건물	다산로39길 45	점포	1층 15㎡(4.54평)	매각포함
	다산로39길 45	창고	1층 6㎡(1.81평)	매각포함
	다산로39길 45	창고	1층 13.5㎡(4.08평)	매각포함
	다산로39길 45	발코니	3층 10.2㎡(3.09평)	매각포함
	다산로39길 45	발코니	4층 10.2㎡(3.09평)	매각포함

본 경매 물건의 상세 정보는 다음과 같다.

위치 및 주위 환경　본 건은 서울특별시 중구 흥인동 소재 한양공업고등학교 남동쪽에 위치하며 인근에 근린생활시설, 주택, 상가 등이 있다. 북쪽 인근의 을지로변은 노변상가지대가 형성되어 있다.

교통 상황　북동쪽에 지하철 2호선 및 6호선 환승역인 신당역이 위치하고, 을지로와 다산로를 운행하는 각종 노선버스 정류장이 소재하여 교통이 편리하다.

토지의 형상 및 이용 상태　부정형의 평탄한 지반이며, 근린생활시설 및 주택 건부지로 이용 중이다.

인접 도로 상태　동쪽으로 약 6m 폭의 포장도로에, 북쪽으로 약 4m 폭의 포장도로에 접하고 있다.

토지 이용 계획 제2종일반주거지역, 상대보호역구역〈교육환경보호에 관한 법률〉,
과밀억제권역〈소도권정비계획법〉

공부와의 차이 없다.

임차인현황 (배당요구종기일 : 2019-02-07)

임차인	용도/점유	전입일자	확정일자	배당요구일	보증금/월세	대항력	비고
길○○	1층 일부 점포 1칸	1999.12.15.	2010.12.02/2016.11.9	2019.01.25	120,000,000 [월]0원	O	❶
송○○	2층	2017.3.29	2018.11.08	2019.01.23	40,000,000 [월]900,000	X	
윤○○	1층 일부 56.4 ㎡	2012.08.30	2012.08.30/2014.2.18	2019.01.25	95,000,000	O	❷
장○○	3층 전부	2011.09.08	2013.01.25	2019.01.23	60,000,000 [월]990,000	O	❸
홍○○		2018.03.23	미상			X	

비고 : 본건 부동산을 방문하여 임차인 문의와 부동산 현황 등을 종합하여 별지 임대차관계조사서와 같이 보고함

①, ②, ③ 임차인현황 : 권리신고 및 임대차관계조사서에 의하면 총 5명 중 3명
의 임차인이 대항력이 있으며 모두 배당요구를 하였다. 나머지 2명의 임차인 중 1
명은 전입되어 있으나 권리신고를 하지 않았다.

등기부현황(토지)

구분	성립일자	권리소유	권리자	권리금액	인수/소멸
1		소유권	이○○		소멸
2	2015년6월3일	근저당권	정○○	40,000,000원 ❶	소멸기준
3	2017년3월30일	압류	국○○○○○○		소멸
4	2017년9월11일	근저당권	이○○	1,500,000,000원	소멸
5	2017년9월11일	근저당권	이○○	1,500,000,000원	소멸
6	2018년5월3일	압류	서○○○○○		소멸
7	2018년7월18일	압류	국		소멸
8	2018년11월19일	임의경매	이○○		소멸
9	2019년8월5일	압류	중○		소멸

등기부현황(건물)

구분	성립일자	권리소유	권리자	권리금액	인수/소멸
1		소유권	이○○		소멸
2	2015년6월3일	근저당권	정○○	40,000,000원 ❷	소멸기준
3	2017년9월11일	근저당권	이○○	1,500,000,000원	소멸
4	2017년9월11일	근저당권	이○○	1,500,000,000원	소멸
5	2018년3월21일	압류	국		소멸
6	2018년11월19일	임의경매	이○○		소멸
7	2019년7월2일	압류	서○○○○○○○○○		소멸
8	2019년8월5일	압류	중○		소멸

①, ② 등기부현황(토지, 건물) 2번 : 2015년 6월 3일, 40,000,000원, 근저당권(말소 기준권리) 소멸기준 ☞ 등기부 순위번호 2번부터 토지 9번, 건물 8번까지 모두 소멸 된다.

매각물건명세서

사건	2018타경9402 부동산임의경매	매각물건번호	1	담임법관(사법보좌관)	
작성일자	2019.08.23	최선순위 설정일자	2015.6.3.근저당권 ❶		
부동산 및 감정평가액 최저매각가격의 표시	부동산표시목록 참조	배당요구종기	2019.02.07		

〈비고〉
길██ : 1차보증금:110,000,000 2차보증금:120,000,000
원██ : 1차 보증금:80,000,000 2차 보증금:95,000,000
장██ : 1)보증금 50,000,000원, 월차임 990,000원 전입일자 11.9.8 확정일자 13.1.26 2)보증금 60,000,000원, 월차임 990,000원 전입일자 11.9.8 확정일자 15.1.26

※ 최선순위 설정일자보다 대항요건을 먼저 갖춘 주택.상가건물 임차인의 임차보증금은 매수인에게 인수되는 경우가 발생할 수 있고, 대항력과 우선 변제권이 있는 주택, 상가건물 임차인이 배당요구를 하였으나 보증금 전액에 관하여 배당을 받지 아니한 경우에는 배당받지 못한 잔액이 매수인에게 인수되게 됨을 주의하시기 바랍니다.

※ 등기된 부동산에 관한 권리 또는 가처분으로서 매각으로 그 효력이 소멸되지 아니하는 것

해당사항없음

※ 매각에 따라 설정된 것으로 보는 지상권의 개요

해당사항없음

※ 비고란

일괄매각, 제시외 건물 포함 감정평가서에 의하면 지하1층은 공실, 4층은 주인거주로 탐문됨. ❷

매각물건명세서

① 최선순위 설정일자 : 2015. 6. 3. 근저당권(말소기준권리)이며 조사된 임차 내역은 앞선 임차인현황과 동일한 내용이다.

② 비고란 : 토지, 건물 일괄매각(제시외건물 포함), 감정평가서에 의하면 지하1층은 공실, 4층은 주인이 거주하는 것으로 탐문된다는 내용을 확인할 수 있다.

권리분석 결론

등기부현황에 의하면 말소기준권리 이후 모두 소멸되며, 임차인현황 및 매각물건명세서에 의하면 대항력이 있는 임차인들이 있으나 모두 배당요구를 하였기에 낙찰 후 인수사항이 없다. 따라서 입찰은 문제가 없으나 기존 임차인들의 계약기간이 길었던 만큼 명도 시 진통이 예상된다.

연면적	597.05㎡	총호수	0세대.호/1가구	주용도	근린생활시설, 주택	허가일	1986-05-12
사용승인일	1986-08-30						

★ 지하, 지하층, 철근콘크리트, 소매점, 143.37㎡   ★ 지상, 3층, 철근콘크리트, 사무소, 113.42㎡
★ 지상, 1층, 철근콘크리트, 소매점, 113.42㎡   ★ 지상, 4층, 연와조, 단독주택, 113.42㎡
★ 지상, 2층, 철근콘크리트, 소매점, 113.42㎡

지번	235-2	지목/면적	대 (248㎡)	공시지가	기준일 : 2019/01 → 6,262,000원 / ㎡

★ 제3종일반주거지역 ★ 가축사육제한구역 ★ 대공방어협조구역 ★ 정비구역 ★ 과밀억제권역 ★ 상대정화구역

위의 자료는 토지이용계획확인원 및 건축물대장을 요약한 부동산 종합공부 내용이다. ① 건축물의 주 용도는 근린생활시설, 주택이며, ② 건축물 사용승인일은 1986년 8월 30일이다.

본 건은 토지이용계획상 제3종일반주거지역에 해당하며 지하1층, 지상4층으로서 건축물대장상 위반건축물이다. 구체적인 위반사항은 1999년, 증축(1층), 패널, 점포, 16㎡이며 경미한 사항이다. 참고로 건물 내 엘리베이터 및 주차공간은 없다.

이행강제금이 부과되는 부동산

부동산 신축 이후 무단 증축, 용도변경 등의 이유로 위반건축물로 등재가 되면 해당관청에서는 위반건축물에 대해 계고 및 원상복구 명령을 한다. 소유자 입장에서 원상복구를 하지 않는 경우에는 매년 2회 이내에 이행강제금을 납부하여야 한다. 이러한 경우 해당 관청을 방문하여 위반내용, 이행강제금 부과내역, 양성화 방안 등을 확인하여 빠른 대처를 해야 한다. 위반건축물의 경우 금융기관에서 대출제한의 요인이 될 수 있기 때문에 간과해서는 안 된다.

본 경매 물건의 인접 토지에 위치한 ② 근린시설은 2017년에 토지 평단가 47,000,000원에 거래가 이루어졌으며, 인근에 위치한 ③ 단독주택은 2016년에 토지 평단가 34,000,000원에 거래되었다.

① 본 건은 토지면적당 단가는 26,998,958원/3.3m²이며, 공시지가는 2019년 1월 기준으로 6,262,000원/m²이다.

문건처리내역 ❶

접수일	접수내역	결과
2018.11.12	채권자 이OO 보정서 제출	
2018.11.22	등기소 중OOOO(OO) 등기필증 제출	
2018.11.30	집행관 서OOOOOOO OOOO 현황조사보고서 제출	
2018.12.03	감정인 구OOOOOOOO 감정평가서 제출	
2018.12.05	교부권자 국OOOOOOO OOOO 교부청구서 제출	
2018.12.10	압류권자 중OOOO 교부청구서 제출	
2019.01.23	압류권자 서OOOO OO 교부청구서 제출	
2019.01.23	임차인 송OO 권리신고 및 배당요구신청서(상가임대차) 제출	
2019.01.23	임차인 장OO 권리신고 및 배당요구신청서(상가임대차) 제출	
2019.01.25	임차인 윤OO 권리신고 및 배당요구신청서(상가임대차) 제출	
2019.01.25	임차인 길OO 권리신고 및 배당요구신청서(상가임대차) 제출	
2019.03.27	채권자 이OO 주소보정서 제출	
2019.04.22	채권자 이OO 특별송달신청 제출	
2019.06.25	채권자 이OO 공시송달신청서 제출	
2019.09.19	교부권자 중OOOO 교부청구서 제출	
2019.09.23	채권자 이OO 기일연기신청서 제출	

송달내역 ❷

송달일	송달내역	송달결과
2018.11.02	채권자 이OO 보정명령등본 발송	2018.11.06 도달
2018.11.27	주무관서 국OOOOOOO OOOO 최고서 발송	2018.11.27 송달간주
2018.11.27	감정인 이OO 평가명령 발송	2018.11.30 도달
2018.11.27	채무자겸소유자 이OO 개시결정정본 발송	2018.12.03 폐문부재

위의 자료는 법원에서 공시한 해당 경매사건의 문건접수 내역 및 송달 내역이다.
① 문건접수 내역을 살펴보면 경매사건의 흐름을 파악할 수 있으며, ② 송달 내역을 살펴보면 송달 결과에 따라 채무자 겸 소유자, 임차인(점유자)의 점유관계를 추측해 볼 수 있으므로 입찰 전날에 반드시 재열람하는 습관을 들여야 한다.

송달 결과가 폐문부재, 수취인불명의 경우 경매 부동산의 점유자가 법원으로부터 수령해야 할 서류를 받지 못한다. 이것은 해당 부동산에 점유자가 없거나, 일부러 법원 서류를 수령하지 않는 경우이기 때문에 현장조사 시 점유자 파악이 중요하며 명도 계획도 신중하게 세워야 한다.

본 사건은 2019. 9. 23. 채권자 이○○가 기일연기신청서를 제출하였으며 2019. 10. 현재 변경 중이다. 통상 변경 후 약 1개월 이후로 경매가 재진행되나 사건별로 기간이 더 소요되는 경우도 있다.

총평

권리분석상 대항력이 있는 임차인들이 있으나 모두 배당요구를 하였고 전액 소멸이 예상되므로 입찰에 문제가 없다. 본 건은 경미하지만 위반건축물에 해당하므로 대출에 영향이 없는지 사전에 확인해야 하며 신규 영업허가를 받아야 하는 경우 발급이 어렵기 때문에 가급적 원상복구를 해야 한다.

본 건은 신당주택재개발 10구역 내 위치하고 있으나 현재는 해제된 상태이며 같은 지역 내에 주택재개발이 속도를 내고 있기에 향후 지가상승이 기대된다. 또한 신당역과 동대문역사문화공원역이 인접하여 입지적 장점이 있고 배후 수요도 뛰어나다.

본 건은 오래된 건축물이기에 취득하기 전에 리모델링 계획을 세워야 한다. 입지분석을 통해 지역에 맞는 용도를 선정하고 주변 환경과 유동인구의 연령대, 직업군 등을 고려하여 타깃에 맞게 리모델링을 해야 한다.

우선적으로 건물 외관의 크랙, 옥상 및 각층의 방수, 전기안전, 공용시설 점검 등 안전에 신경 써야 하며, 다음으로 외장재, 내장재 등 미관을 생각하여야 한다. 막상 리모델링 과정에서 당초 예산보다 초과하는 경우가 많기 때문에 반드시 여러 업체를 통해 비교견적 및 컨설팅 과정을 거쳐야 한다.

부동산 가치를 늘리기 위한 리모델링은 곧 부동산의 가치와 사회 공공적 가치를 올리는 과정이다. 가장 중요한 임대 수익률과도 직접적인 연관이 있기 때문에 임차인 구성에 대한 구체적인 계획도 세워야 한다.

08 경기 불황에도 살아남는 상가를 노려라

─ 분양가, 상권분석

Q. 소액으로 좋은 상가를 취득할 수 있는가?

A. 경매 시장에 나오는 부동산 중 구분 상가의 경우에는 소액이 많다. 하지만 우량물건이 드물기 때문에 간혹 좋은 매물이 나오는 경우 경쟁이 치열하다. 상가를 취득할 때 입지의 중요성은 굳이 말할 필요가 없다. 하지만 상권을 뒷받침하는 입지 이상으로 창업 아이템에 대한 사전 계획과 그에 따른 시장조사가 더욱 중요하다.

상가는 실물 경기에 민감한 부동산인 만큼 취득한 후 최악의 경우에도 버틸 수 있는 철저한 대비가 필요하다. 특히 신도시의 구분 상가를 분양받는 경우 주변 배후 수요와 경쟁 상가 분포를 면밀히 검토해야 한다. 텅 빈 공실 상태의 소유주로서 몇 년간 재산세와 관리비, 대출 이자만 지불해야 하는 안타까운 상황이 발생할 수 있기 때문이다.

대전지방법원	**오늘의경매**		경매8계
2018타경7276	**실 전 사 례**		대법원바로가기

[소재지] 세종특별자치시 노을1로 16, 상가동 1층 ■■호 (한솔동,첫마을아파트)
[지 번] 세종특별자치시 한솔동 940   조회 5923

물건종류	근린상가	감 정 가	1,000,000,000 원
경매종류	부동산임의경매	최 저 가	(49 %) 490,000,000 원
매각대상	토지 및 건물일괄매각	입찰보증금	(10%) 49,000,000 원
토지면적	38.85 ㎡ (11.75 평)	청구금액	971,405,378 원
건물면적	106.94 ㎡ (32.35 평)	채 무 자	김OO
매각기일	2019.11.06(수) 10:00	소 유 자	고OO
채 권 자	수OOOO OOO		

경과	날짜	저감	최저가	결과
접수일	2018-05-10		경매접수	
~0일	2018-05-10		경매개시결정	
~81일	2018-07-30		배당요구종기일	
기일내역 전체보기				
~257일	2019-01-22	49 %	490,000,000 원	변경
~364일	2019-05-09	49 %	490,000,000 원	변경
~399일	2019-06-13	100 %	1,000,000,000 원	변경
~434일	2019-07-18	49 %	490,000,000 원	매각
낙찰가 600,000,000원(60%)				
~470일	2019-08-23		미납 ❶	
~545일	2019-11-06	49 %	490,000,000 원	진행
입찰 23일전				

■ 사건번호 : 2018타경7276

■ 소재지 : 세종특별자치시 노을1로 16, 상가동 1층 OOO호

① 본 건은 2019년 7월 18일에 낙찰되었으나 잔급 미납으로 인하여 재매각이 진행된다.

물건종류	근린상가	감정가	1,000,000,000원
경매종류	부동산임의경매	최저가	(49%) 490,000,000원
매각대상	토지 및 건물 일괄매각	입찰보증금	(10%) 49,000,000원
토지면적	38,85㎡(11.75평)	청구금액	971,405,378 원
건물면적	106,94㎡(32,35평)	채무자	김OO
매각기일	2019.11.06(수) 10:00	소유자	고OO
채권자	수OOOO OOO		

본 경매 물건의 상세 정보는 다음과 같다.

위치 및 주위 환경 본 건은 세종특별자치시 한솔동 소재 참샘초등학교 북동쪽에 위치한 첫마을아파트 상가동으로서 본 건 주위에는 대규모 아파트 단지와 각종 상업 및 업무 시설, 각급 학교, 공공 및 편의 시설 등이 혼재해 있다.

교통 상황 본 건까지 차량 출입이 가능하고, 인근에 시내버스 승강장이 소재하는 등 제반 교통 여건은 무난하다.

건물의 구조 철근 콘크리트 구조, 제1, 2종 근린생활시설(사용승인일자 : 2011. 11. 7.)

외벽 인조대리석 붙임

내벽 벽지 및 목재 인테리어 마감

바닥 인조석 물갈기 마감

창호 새시 창호

설비 내역 공동위생설비 및 급·배수설비, 소방설비, 지하주차장 등이 되어 있다.

토지의 형상 및 이용 상태 세장형 및 부정형의 토지이며, 아파트 및 상업용 건물 부지로서 일반음식점으로 이용 중이다.

인접 도로 상태 본 건 주변이 중로 및 소로 등과 접하고 있다.

토지 이용 계획 준주거지역, 지구단위계획구역, 상대보호구역〈교육환경 보호에 관한 법률〉, 예정지역〈신행정수도 후속대책을 위한 연기·공주지역 행정중심복합 도시 건설을 위한 특별법〉

공부와의 차이 없다.

호별 배치도

본 건 전경

임차인현황 (배당요구종기일 : 2018-07-30)

임차인	용도/점유	전입일자	확정일자	배당요구일	보증금/월세	대항력	비고
김OO		2017.09.20				X	2017.9.10.~2018.3.9.
오OO	144호 전부	2014.11.03.		2018.05.23	100,000,000 [월]4,500,000	O	2014.10.23.~
비고 (매각물건명세서)					김■■ : 이 사건의 채무자임		
비고 : 임차인 오■■(미등재)에게 문의한 바, 본인이 점유중이라고 함							
임대차관계조사서에 등록된 내용은 상가건물임대차 현황서를 참고하여 작성된 것임							

등기부현황(건물)

구분	성립일자	권리소유	권리자	권리금액	인수/소멸
1		소유권	고OO		소멸
2	2015년2월25일	근저당권	수OOOOOOOOO	962,000,000원	소멸기준
3	2018년5월10일	임의경매	수OOOOOOOOOOOOOOOOOO		소멸

①, ② 임차인현황 : 권리신고 및 임대차관계조사서에 의하면 대항력이 있는 '오OO' 임차인이 있으나 미등재로 되어 있으며 점유 중이라고 한다.

③ 등기부현황(건물) 2번 : 2015년 2월 25일, 962,000,000원, 근저당권(말소기준권리) 소멸기준 ☞ 등기부 순위번호 2번부터 3번까지 모두 소멸된다.

매각물건명세서

① 최선순위 설정일자 : 2015. 2. 25. 근저당권(말소기준권리)

② 조사된 임차 내역 : 말소기준권리일보다 앞선 미등재 임차인 '오OO'가 있으며 '김OO'은 본 경매 물건의 채무자임을 확인할 수 있다.

권리분석 결론

등기부현황에 의하면 말소기준권리 이후 모두 소멸되며, 임차인현황 및 매각물건명세서에 의하면 시기적으로는 대항력이 있는 임차인이 있으나, 사업자 미등재 및 환산보증금 초과로 인하여 상가임대차보호법 대상이 아니므로 대항력이 상실되었다. 따라서 낙찰 후 인수금액이 없으므로 입찰이 가능하나 임차보증금이 소멸되는 임차인의 명도저항이 예상된다.

Tip

상가임대차보호법(2019년 개정)

기존에 환산보증금 초과로 인하여 상임법이 배제되었던 임차인들에게 예외 규정이 적용되어 2015년 5월 13일 이후 최초로 계약이 체결되거나 갱신되는 임대차부터 환산보증금(보증금+월차임×100)과 무관하게 모든 임차인에게 대항력이 인정된다.
권리금 보호방안과 아울러 상가건물 계약갱신요구권도 기존의 5년에서 10년으로 늘어남에 따라 상대적 약자인 임차인보호가 강화되었다. 단 환산보증금 초과 임차인은 우선변제권은 없다.
2019년 4월 2일 이후부터 지역별 환산보증금 한도가 증액되었는데 서울특별시 9억, 과밀억제권역, 부산광역시 6.9억, 광역시 등 5.4억, 그 밖의 지역은 3.7억으로 확대되었다.

총평

권리분석상 선순위 임차인이 있으나 대항력 상실로 인하여 낙찰 후 인수사항이 없다.

본 경매 물건은 세종시 정부청사 및 일반상업지역에 인접하고 있으며 아파트 단지 내 상가에 자리 잡고 있다. 상가의 전용면적은 106.94㎡(32.35평), 최초 감정가는 10억 원이며 신고된 차임은 보증금 1억 원, 월세 450만 원이다. 입찰 전 감정평가금액이 현 시세를 반영한 것인지 최초 분양가인지 확인해야 한다. 그 이유는 분양가와 현 시세의 괴리가 발생할 수 있기 때문이며 시세가 하락하였다면 그만큼 수익률도 줄어든다.

　또한 주변 상권의 공실률을 확인하여 실질적인 임대수익률을 파악하여 예상 낙찰가를 산정하여야 한다. 현재 경매 입찰가는 4.9억 원(49%)이며 2019년 7월 18일에 낙찰되었으나 잔금 미납된 사건이다. 상가 입찰을 하려면 상권분석에 대한 면밀한 검토가 필요한데 본 건의 경우는 현장에 답이 있다고 단언할 수 있다.

09 3억대 꼬마빌딩도 있다
— 선입견을 깨라

Q. 수도권의 꼬마빌딩(건물)을 취득하는 것은 어떤가?

A. 많은 투자자가 던지는 질문 중 하나이다. 한마디로 답하자면 '지역적 선입견을 깨라.'이다. 부동산 재테크를 하고자 한다면 부동산을 하나의 상품으로 판단하라고 당부하고 싶다. 어느 지역의 부동산인가보다 취득하고자 하는 부동산의 가치와 취득한 후 활용 방안이 중요하다. 값싸고 좋은 물건은 없다고 하지만 지역적 편견을 타파한다면 남들이 보지 못하는 보석을 발견할 수 있다.

수원지방법원 평택지원
2018타경46002

오늘의경매
실 전 사 례

경매3계
대법원바로가기 ∨

[소재지] 경기도 안성시 석정동 ░░.░░ ░░

조회 27378

물건종류	상가	감 정 가	384,322,400 원
경매종류	부동산임의경매	최 저 가	(100 %) 384,322,400 원
매각대상	토지 및 건물일괄매각	입찰보증금	(10%) 38,432,240 원
토지면적	133.00 m² (40.23 평)	청구금액	360,000,000 원
건물면적	164.68 m² (49.82 평)	채 무 자	주○○○ ○○○
매각기일	2019.10.21(월) 10:00	소 유 자	유○○
채 권 자	중○○○○○		

경과	날짜	저감	최저가	결과
접수일	2018-12-10		경매접수	
~1일	2018-12-11		경매개시결정	
~84일	2019-03-04		배당요구종기일	
~175일	2019-06-03	100 %	384,322,400 원	변경
~315일	2019-10-21	100 %	384,322,400 원	진행

입찰 7일전

- 사건번호 : 2018타경46002
- 소재지 : 경기도 안성시 석정동 267-10

물건종류	상가	감정가	384,322,400원
경매종류	부동산임의경매	최저가	(100%) 384,322,400원
매각대상	토지 및 건물 일괄매각	입찰보증금	(10%) 38,432,240원
토지면적	133m²(40.23평)	청구금액	360,000,000원
건물면적	164.68m²(49.82평)	채무자	주0000 000
매각기일	2019.10.21(월) 10:00	소유자	유00
채권자	중00000		

목록	주소	구조/용도/대지권	면적	비고
토지	석정동 267-10	대	133㎡(40.23평)	
건물	중앙로 324	1층 주택	70.54㎡(21.34평)	
	중앙로 324	2층 주택	70.54㎡(21.34평)	
제시외건물	중앙로 324	3층 주택	11㎡(3.33평)	매각포함
	중앙로 324	4층 주택	12.6㎡(3.81평)	매각포함

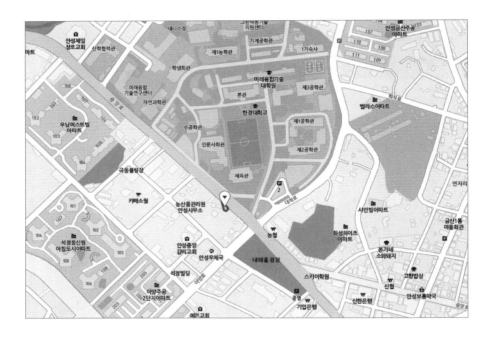

본 경매 물건의 상세 정보는 다음과 같다.

위치 및 주위 환경　본 건은 경기도 안성시 석정동 소재 한경대학교 남쪽에 위치
하며, 주변은 각종 근린생활시설, 금융기관, 관공서, 점포 등이 혼재하는 상가지역

이다.

교통 상황 본 건까지 제반 차량 출입이 가능하며, 인근에 노선버스 정류장이 있어 대중 교통여건은 양호하다.

건물의 구조 일반 철골 구조, 철근 콘크리트, 평슬래브 지붕 2층 건물

외벽 우레탄 패널 붙임 마감

내벽 인테리어 및 일부 타일 붙임 마감

바닥 카펫 마감

창호 알루미늄 새시 창호 및 페어그라스 창호

설비 내역 기본적인 급·배수시설 및 위생설비 등이 되어 있으며, 개별난방에 의한 난방시설이다.

토지의 형상 및 이용 상태 부정형의 평탄한 토지이며, 상업용 건부지로서 1층은 커피점(홀, 계단실 등), 2층은 커피점(홀, 화장실, 계단실 등)으로 이용 중이다.

인접 도로 상태 북동쪽으로 중로1류(폭 20~25m) 및 남동쪽으로 소로2류(폭 8~10m)의 포장도로에 각각 접하고 있다.

토지 이용 계획 도시지역, 제2종일반주거지역, 소로2류(국지도로, 접함), 중로1류, 성장관리권역, 절대보호구역

공부와의 차이 없다.

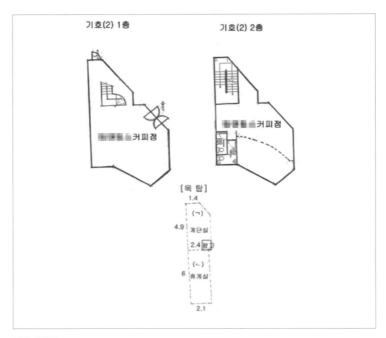

건물 개황도

본 건 전경

임차인현황 (배당요구종기일 : 2019-03-04)

임차인	용도/점유	전입일자	확정일자	배당요구일	보증금/월세	대항력	비고
조OO	전부	2018.05.24	2019.02.26	2019.02.27	20,000,000 [월]2,000,000	X	2018.06.01~2020.05.31

비고 : * 임차인 점유중임
* 전입세대열람내역 열람결과 등재인 없음. 전입세대열람내역 첨부.
* 평택세무서 등록사항 등의 열람결과 임차인 1인 등재되어 있음. 상가건물임대차 현황서 첨부.

❶

등기부현황(토지)

구분	성립일자	권리소유	권리자	권리금액	인수/소멸
1		소유권	유OO		소멸
2	2009년4월21일	근저당권	안OOOOOOOO	130,000,000원	소멸기준 **❷**
3	2009년12월29일	근저당권	중OOOOO	360,000,000원	소멸
4	2017년2월2일	근저당권	오OO	80,000,000원	소멸
5	2018년12월11일	임의경매	중OOOOO		소멸

등기부현황(건물)

구분	성립일자	권리소유	권리자	권리금액	인수/소멸
1		소유권	유OO		소멸
2	2010년9월17일	근저당권	중OOOOO	360,000,000원	소멸기준 **❸**
3	2011년1월5일	근저당권	안OOOOOOOO	130,000,000원	소멸
4	2017년2월2일	근저당권	오OO	80,000,000원	소멸
5	2018년12월11일	임의경매	중OOOOO		소멸

① 임차인현황 : 권리신고 및 세무서 열람 결과에 의하면 대항력이 없는 '조OO' 임차인이 배당요구한 것을 확인할 수 있다.

② 등기부현황(토지) 2번 : 2009년 4월 21일, 130,000,000원, 근저당권(말소기준권리) 소멸기준 ☞ 등기부 순위번호 2번부터 5번까지 모두 소멸된다.

③ 등기부현황(건물) 2번 : 2010년 9월 17일, 360,000,000원, 근저당권(말소기준권리) 소멸기준 ☞ 등기부 순위번호 2번부터 5번까지 모두 소멸된다.

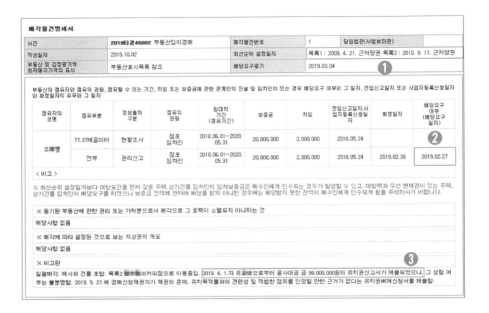

매각물건명세서

사건	2018타경46002 부동산임의경매			매각물건번호		1	담임법관(사법보좌관)	
작성일자	2019.10.02			최선순위 설정일자		목록1 : 2009. 4. 21. 근저당권 목록2 : 2010. 9. 17. 근저당권		
부동산 및 감정평가액 최저매각가격의 표시	부동산표시목록 참조			배당요구종기		2019.03.04 ❶		

부동산의 점유자와 점유의 권원, 점유할 수 있는 기간, 차임 또는 보증금에 관한 관계인의 진술 및 임차인이 있는 경우 배당요구 여부와 그 일자, 전입신고일자 또는 사업자등록신청일자와 환정일자의 유무와 그 일자

점유자의 성명	점유부분	정보출처 구분	점유의 권원	임대차 기간 (점유기간)	보증금	차임	전입신고일자.사 업자등록신청일 자	환정일자	배당요구 여부 (배당요구 일자)
조OO	77.37제곱미터	현황조사	점포 임차인	2018.06.01~2020. 05.31	20,000,000	2,000,000	2018.05.24		❷
	전부	권리신고	점포 임차인	2018.06.01~2020. 05.31	20,000,000	2,000,000	2018.05.24	2019.02.26	2019.02.27

〈 비고 〉

※ 최선순위 설정일자보다 대항요건을 먼저 갖춘 주택,상가건물 임차인의 임차보증금은 매수인에게 인수되는 경우가 발생할 수 있고, 대항력과 우선 변제권이 있는 주택,
상가건물 임차인이 배당요구를 하였으나 보증금 전액에 관하여 배당을 받지 아니한 경우에는 배당받지 못한 잔액이 매수인에게 인수되게 됨을 주의하시기 바랍니다.

※ 등기된 부동산에 관한 권리 또는 가처분으로서 매각으로 그 효력이 소멸되지 아니하는 것

해당사항 없음

※ 매각에 따라 설정된 것으로 보는 지상권의 개요

해당사항 없음

※ 비고란 ❸

일괄매각, 제시외 건물 포함. 목록2 ████ 커피점으로 이용중임. 2019. 4. 1.자 유████으로부터 공사대금 금 98,000,000원의 유치권신고서가 제출되었으나, 그 성립 여부는 불분명함. 2019. 5. 27.에 경매신청채권자가 채권의 존재, 유치목적물과의 견련성 및 적법한 점유를 인정할 만한 근거가 없다는 유치권배제신청서를 제출함.

매각물건명세서

① 최선순위 설정일자 : 2009. 4. 21.(토지), 2010. 9. 17.(건물), 근저당권(말소기준권리)

② 조사된 임차 내역 : 대항력 없는 임차인 '조OO'가 있으며 배당요구종기일 내에 신고를 하였다.

③ 2019. 4. 1.자 '유OO'으로부터 공사대금 금 98,000,000원의 유치권신고서가 제출되었으나, 그 성립 여부는 불분명하고 2019. 5. 27.에 경매신청채권자가 채권의 존재, 유치목적물과의 견련성 및 적법한 점유를 인정할 만한 근거가 없다는 유치권배제신청서를 제출하였다.

권리분석 결론

등기부현황에 의하면 말소기준권리 이후 모두 소멸되며, 임차인현황 및 세무서 열람 결과에 의하면 대항력 없는 임차인이 있으며 환산보증금 초과로 우선변제권이 없기에 낙찰 후 명도저항이 예상된다. 본 건은 유치권신고가 되었기에 배제 여부를 떠나 신고금액을 인수할 여지가 있으므로 낙찰가 산정에 신중을 기해야 한다.

대지면적	133.00㎡	연면적	141.08㎡	건축면적	70.54㎡ ❶	용적율연면적	141.08㎡
건폐율	53.04%	용적율	106.08% ❷	주용도	제1종근린생활시설	허가일	2009-11-05
착공일	2009-11-17	사용승인일	2010-09-14				

* 지상, 1층, 일반철골, 휴게음식점, 70.54㎡   * 지상, 2층, 일반철골, 휴게음식점, 70.54㎡

지번	267-10 ❸	지목/면적	대 (133㎡)	공시지가	기준일 : 2019/01 → 1,111,000원 / ㎡

* 도시지역 • 제2종일반주거지역 • 소로2류 • 중로1류 • 가축사육제한구역 • 성장관리권역 • 하수처리구역 • 절대보호구역

위의 자료는 토지이용계획확인원 및 건축물대장을 요약한 부동산 종합공부 내용이다.

① 건축물의 주 용도는 제1종근린생활시설이다.

② 건축물 사용승인일은 2010년 9월 14일이다.

③ 본 건은 토지이용계획상 제2종일반주거지역에 해당하며 지상 2층으로서 건축물대장상 적법한 물건이다. 참고로 엘리베이터 및 옥외 주차공간이 없다.

구분	일반	농지	주택					
			6억원이하		6억원 초과,9억원이하		9억원 초과	
			85㎡이하	85㎡초과	85㎡이하	85㎡초과	85㎡이하	85㎡초과
취득세	4%	3%	1%	1%	2%	2%	3%	3%
농어촌특별세	0.2%	0.2%		0.2%		0.2%		0.2%
지방교육세	0.4%	0.2%	0.1%	0.1%	0.2%	0.2%	0.3%	0.3%
합계	4.6%	3.4%	1.1%	1.3%	2.2%	2.4%	3.3%	3.5%

소유권 이전비용

부동산을 취득할 때 당연히 부과되는 세금이 취득세이다. 입찰 전 자금 계획을 세울 때 세율을 인지하여 낙찰가를 산정하여야 한다. 고가 부동산의 경우 세금 부담이 높아 초기 투자비용에 반드시 포함해야 한다.

총평

권리분석상 대항력 없는 임차인이 있기에 입찰에 큰 무리는 없다. 단, 경매가 임박하여 유치권신고가 있었는데 금액이 약 1억 원이며 감정가 대비 적은 금액이 아니다. 본 건은 대학교 입구에 있는 코너 건물로서 우량 임차인이 영업을 하고 있기에 입찰 경쟁이 치열할 것으로 예상된다. 하지만 유치권신고로 인하여 잔금 대출에 제한이 있기에 입찰 전에 자금 계획을 철저히 세워야 한다. 낙찰 후 유치권배제신청의 원인을 토대로 해결하는 것은 예외로 두고, 입찰당일에 군중심리에 휩쓸려 시세를 반영하지 못하는 결과가 나오지 않도록 낙찰가를 산정할 때 중심을 잘 잡아야 한다.

10 꾸준한 틈새 재테크,
지식산업센터
― 안정된 수익률

Q. 아파트형 공장은 무엇인가?

A. 예를 들면 구로, 가산 디지털 단지 내 위치한 사무실 및 공장시설과 같은 것을 말한다. 현 시점에는 제조 시설보다 주로 사무용이 주류를 이루다 보니 지식산업센터라는 명칭으로 바뀌고 있다. 상가 경기가 위축되면서 많은 투자자에게 주목을 받는 추세이지만 반드시 알아야 할 사항이 있다.

첫째, 전용 130m²(40평) 이하의 전용면적이 차후 매각 시 유리하다. 둘째, 임대 수익을 고려한다면 공장 내 입주 제한요소를 미리 파악해야 한다. 마지막으로 평당 관리비와 배후 수요도 꼼꼼히 따져 볼 필요성이 있다. 요즘에는 지식산업센터도 업무 환경을 고려하여 전망이 좋고 문화복합시설을 갖춘 곳이 많다. 부동산 상품도 시대에 맞춰 진화하고 있음을 보여 주는 단적인 예이다.

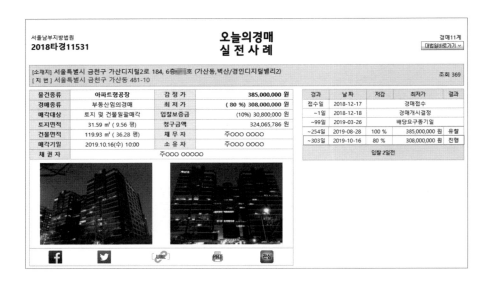

**오늘의경매
실 전 사 례**

[소재지] 서울특별시 금천구 가산디지털2로 184, 6층■■호 (가산동,벽산/경인디지털밸리2)
[지 번] 서울특별시 금천구 가산동 481-10

조회 369

물건종류	아파트형공장	감 정 가	385,000,000 원
경매종류	부동산임의경매	최 저 가	(80 %) 308,000,000 원
매각대상	토지 및 건물일괄매각	입찰보증금	(10%) 30,800,000 원
토지면적	31.59 ㎡ (9.56 평)	청구금액	324,065,786 원
건물면적	119.93 ㎡ (36.28 평)	채 무 자	주OOO OOOO
매각기일	2019.10.16(수) 10:00	소 유 자	주OOO OOOO
채 권 자		주OOO OOOOO	

경과	날 짜	저감	최저가	결과
접수일	2018-12-17		경매접수	
~1일	2018-12-18		경매개시결정	
~99일	2019-03-26		배당요구종기일	
~254일	2019-08-28	100 %	385,000,000 원	유찰
~303일	2019-10-16	80 %	308,000,000 원	진행
			입찰 2일전	

■ 사건번호 : 2018타경11531

■ 소재지 : 서울특별시 금천구 가산디지털로 184, 제6층 제OOO호

물건종류	아파트형공장	감정가	385,000,000원
경매종류	부동산임의경매	최저가	(80%) 308,000,000원
매각대상	토지 및 건물 일괄매각	입찰보증금	(10%) 30,800,000원
토지면적	31.59㎡(9.56평)	청구금액	324,065,786 원
건물면적	119.93㎡(36.28평)	채무자	주OOO OOOO
매각기일	2019.10.16(수) 10:00	소유자	주OOO OOOO
채권자	주OOO OOOOO		

본 경매 물건의 상세 정보는 다음과 같다.

위치 및 주위 환경　본 건은 서울특별시 금천구 가산동 소재 가산디지털단지역 북서쪽에 위치하며, 주위는 아파트형 공장, 업무시설, 상업시설 등이 혼재하는 지역이다.

교통 상황　본 건까지 차량 접근 가능하며, 인근에 노선버스 정류장 및 지하철역(1·7호선 가산디지털단지역)이 소재하는 등 제반 교통 상황이 편리하다.

건물의 구조　철근 콘크리트 라멘 구조, (철근) 콘크리트 평슬라브 지붕 15층 건물 내 제6층 ○○○호(사용승인일: 2003. 7. 14.)

외벽　복합 패널 마감

내벽　모르타르 위 페인팅, 인테리어 마감

창호　페어글라스 창호

설비 내역　건물 내 기본적인 위생설비 및 급·배수설비, 소방설비, 승강기설비, 주차장설비 등이 되어 있다.

토지의 형상 및 이용 상태　인접지와 등고 평탄한 가장형(도로를 기준으로 가로로 긴 모양)의 토지이며, 아파트형 공장 및 근린생활시설 건부지로서 아파트형 공장(사무실)으로 이용 중이다.

인접 도로 상태　본 건 남서쪽으로 약 20m 폭의 포장도로에 접해 있다.

토지 이용 계획　도시지역, 준공업지역, 일단의공업용지조성사업지역, 국가산업단지(2012-07-05)〈산업입지 및 개발에 관한 법률〉, 산업시설구역〈산업집적활성화 및 공장설립에 관한 법률〉, 과밀억제권역〈수도권정비계획법〉

공부와의 차이　없다.

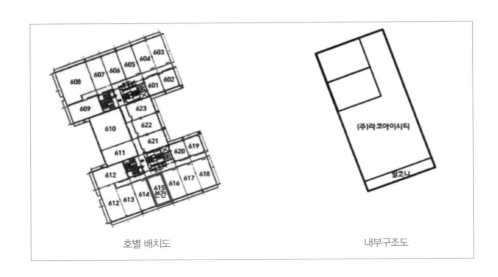

호별 배치도   내부구조도

본 건 출입문

임차인현황 (배당요구종기일 : 2019-03-26)

임차인	용도/점유	전입일자	확정일자	배당요구일	보증금/월세	대항력	비고
김OO	■호	2017.06.09				X	2017.06.08~2018.06.07
주OOOOOOOOOO	■호 전체	2018.04.17		2019.05.29	30,000,000 [월]1,500,000	X	❶ 2018.04.13.~2020.04.12

비고 : *폐문부재로 안내문을 남겨두고 왔으며, 아무연락이 없어 점유관계 미상이나 상가건물임대차현황서상 소유자 아닌 김■■ 및 주식회사 ■■■■·■·■·
■ ■■■■의 상가건물임대차현황서가 발급되므로 임대차관계조사서에 김■■ 및 주식회사 ■■■■·■·■·■■■■을 일응 임차인으로 등재함

폐문부재로 임차기간은 상가건물임대차현황서 내용과 같이 기재함.

등기부현황(건물)

구분	성립일자	권리소유	권리자	권리금액	인수/소멸
1		소유권	(OOOOOO		소멸
2	2016년11월15일	근저당권	(OOOOOO	252,000,000원 ❷	소멸기준
3	2017년3월2일	근저당권	(OOOOOO	120,000,000원	소멸
4	2018년1월30일	가압류	홍OO	6,412,806원	소멸
5	2018년2월7일	가압류	중OOOOO	20,498,465원	소멸
6	2018년3월22일	가압류	기OOOOO	142,500,000원	소멸
7	2018년9월5일	가압류	근OOOOO	4,000,000원	소멸
8	2018년11월19일	압류	금OO		소멸
9	2018년12월18일	임의경매	(OOOOOOO		소멸

① 임차인현황 : 권리신고 및 임대차관계조사서에 의하면 대항력이 없는 '김 OO'와 배당요구종기일 이후 배당요구를 한 '주식회사OOOO' 임차인이 있다.

② 등기부현황(건물) 2번 : 2016년 11월 15일, 252,000,000원, 근저당권(말소기준 권리) 소멸기준 ☞ 등기부 순위번호 2번부터 9번까지 모두 소멸된다.

매각물건명세서

사건	2018타경11531 부동산임의경매	매각물건번호	1	담임법관(사법보좌관)	
작성일자	2019.07.30	최선순위 설정일자	2016.11.15 근저당권 ❶		
부동산 및 감정평가액 최저매각가격의 표시	부동산표시목록 참조	배당요구종기	2019.03.26		

부동산의 점유자와 점유의 권원, 점유할 수 있는 기간, 차임 또는 보증금에 관한 관계인의 진술 및 임차인이 있는 경우 배당요구 여부와 그 일자, 전입신고일자 또는 사업자등록신청일자와 확정일자의 유무와 그 일자

점유자의 성명	점유부분	정보출처 구분	점유의 권원	임대차 기간 (점유기간)	보증금	차임	전입신고일자.사업자등록신청일자	확정일자	배당요구 여부 (배당요구일자)
김▨▨	615호	현황조사	점포 임차인	2017.06.08~2018.06.07			2017.06.09		
주식회사 ▨▨▨▨	615호 전체	현황조사	점포 임차인	2018.04.13~2020.04.12	30,000,000	1,500,000	2018.04.17	❷	
	615호 전체	권리신고	공장 임차인	2018.04.13.~2020.04.12	30,000,000	1,500,000	2018.04.17		2019.05.29

〈 비고 〉

※ 최선순위 설정일자보다 대항요건을 먼저 갖춘 주택.상가건물 임차인의 임차보증금은 매수인에게 인수되는 경우가 발생할 수 있고, 대항력과 우선 변제권이 있는 주택, 상가건물 임차인이 배당요구를 하였으나 보증금 전액에 관하여 배당을 받지 아니한 경우에는 배당받지 못한 잔액이 매수인에게 인수되 됨을 주의하시기 바랍니다.

※ 등기된 부동산에 관한 권리 또는 가처분으로서 매각으로 그 효력이 소멸되지 아니하는 것

토지 을구 37번 지상권설정등기(2003.7.11. 등기)는 말소되지 않고 매수인이 인수함. ❸

※ 매각에 따라 설정된 것으로 보는 지상권의 개요

해당사항 없음

※ 비고란

매각물건명세서

① 최선순위 설정일자 : 2016. 11. 15. 근저당권(말소기준권리)

② 조사된 임차 내역 : 대항력이 없는 2명의 임차인이 있으며 '주식회사○○○○' 차임은 보증금 30,000,000원, 월세 1,500,000원으로 신고를 하였다.

③ 토지 을구 37번 지상권설정등기(2003. 7. 11. 등기)는 말소되지 않고 매수인이 인수한다는 내용이다.

[토지] 서울특별시 금천구 가산동 481-10

순위번호	등 기 목 적	접 수	등 기 원 인	권리자 및 기타사항
34	23번근저당권설정등기말소	2001년7월28일 제60801호	2001년7월28일 해지	
35	24번근저당권설정등기말소	2001년7월28일 제60802호	2001년7월28일 해지	
~~36~~	~~근저당권설정~~	~~2002년6월1일 제59890호~~	~~2002년5월31일 설정계약~~	~~채권최고액 금19,300,000,000원~~ ~~채무자 경인경밀주식회사~~ ~~서울 금천구 가산동 530~~ ~~근저당권자 중소기업은행 110135-0000903~~ ~~서울 중구 을지로2가 50~~ ~~(구로동지점)~~
37	지상권설정 ①	2003년7월11일 제64911호	2003년7월11일 설정계약	목 적 공공시설물(하수도, 가로등, 가로수, 보도 등 기타) 설치의 소유 범 위 남측20미터도로변 대지내 폭3미터 301.90㎡ 존속기간 건축물 존치시까지로 하며 소유권변동시에는 자동승계 지상권자 서울특별시금천구

① 본 건의 별도등기는 도시시설을 보호하기 위하여 토지의 일정 부분을 훼손하지 못하게 하는 지상권으로 소유권 행사에 지장이 없는 사항이다. 토지별도등기는 집합건물(아파트, 다세대, 오피스텔, 근린상가 등)의 경우 토지에 관한 소유권을 대지권으로 표시하고 건물등기부에 표시하며 토지등기부는 폐쇄하는 것이 원칙이지만 토지등기부에 제3자의 권리를 표시해야 할 필요가 있는 경우 토지등기부를 유지하고 제3자의 권리를 표시한다.

권리분석 결론

등기부현황에 의하면 말소기준권리 이후 모두 소멸되며, 임차인현황 및 임대차관계조사서에 의하면 대항력 없는 2명의 임차인이 있기에 입찰에 문제가 없으나 진정한 임차인이 누구인지 파악하여야 한다. 임차인 중 '주식회사0000'은 배당종기 이후 배당요구를 하였기에 보증금이 소멸되므로 낙찰 후 명도저항이 예상된

다. 본 건은 토지에 지상권설정등기가 있으나 소유권 행사에 제한이 없으므로 큰
의미를 부여할 필요는 없다.

대지면적	12,027.00㎡	연면적	71,661.44㎡	명칭및번호	벽산/경인디지털밸리2	건축면적	4,289.30㎡
용적율연면적	55,242.29㎡	건폐율	35.66%	용적율	459.32% ②	주용도	아파트형공장,지원시설,근린생활시설 ①
허가일	2001-11-01	착공일	2001-11-09	사용승인일	2003-07-14		

위의 자료는 토지이용계획확인원 및 건축물대장을 요약한 부동산 종합공부 내
용이다.

① 건축물의 주 용도는 아파트형 공장, 지원시설, 근린생활시설이다.

② 건축물 사용승인일은 2003년 7월 14일이다.

토지이용계획상 준공업지역에 해당하며 지상 15층 중 6층으로 건축물대장상 적
법한 물건이다. 참고로 엘리베이터 및 지하 주차공간이 있다.

사건번호 물건번호 담당계	소 재 지	용도	감정가 최저가	매각기일 [입찰인원]	결과 유찰수 %
2019-57 경매11계	서울특별시 금천구 가산동 543-1 대성디-폴리스지식산업센터 제27층 제비2703호 [토지 11.2평] [건물 42.9평] [별도등기,임금채권]	아파트형공장	700,000,000 560,000,000 매각 592,744,980	2019-07-10 [입찰5명]	배당종결 (80%) (85%)
2018-105559 경매10계	서울특별시 금천구 가산동 543-1 대성디-폴리스지식산업센터 B동 제6층 제비611호 [토지 40.4평] [건물 154.5평] [관련사건,임금채권]	아파트형공장	2,291,102,000 1,832,882,000 매각 2,063,541,000	2019-06-05 [입찰1명]	배당종결 (80%) (90%)
2018-105634 경매3계	서울특별시 금천구 가산동 459-22 백상스타타워2차 제8층 제805호 [토지 9.2평] [건물 32.3평]	아파트형공장	422,000,000 337,600,000 매각 408,580,000	2019-05-28 [입찰7명]	배당종결 (80%) (97%)
2018-101137 경매3계	서울특별시 금천구 가산동 327-24 대륭아파트형공장 제1층 제103호 [토지 29.1평] [건물 92.7평] [대항력있는임차인]	아파트형공장	877,000,000 877,000,000 매각 1,011,100,000	2019-01-09 [입찰3명]	배당종결 (100%) (115%)
2018-100738 경매11계	서울특별시 금천구 가산동 345-90 한라시그마밸리 제9층 제907호 [토지 38.3평] [건물 143.6평] [별도등기,임금채권]	아파트형공장	1,651,000,000 1,320,800,000 매각 1,462,111,000	2018-11-14 [입찰3명]	배당종결 (80%) (89%)

인근 낙찰 사례

지식산업센터

아파트형 공장이라고 이해하면 된다. 산업, 제조업 및 정보통신사업을 운영하는 회사와 지원시설이 복합적으로 입주할 수 있는 3층 이상의 건물을 지식산업센터라 칭하는데 대부분 한 지역의 중심지에 있기 때문에 가격과 위치 면에서 안정성이 높다. 기업이 들어오게 되면 대부분 단기보다 장기로 임대하기 때문에 공실 위험이 적고, 개인이 아닌 기업을 대상으로 임대하는 것이기 때문에 안정적인 임대수익을 볼 수 있어 틈새 재테크로 각광받고 있다.

현행 지식산업센터의 취득세 감면율은 50%이다. 예를 들어 5억 원짜리 지식산업센터를 취득한다면 일반 업무시설의 경우 4.6%의 취득세 2,300만 원이 부과되는 데 반해 지식산업센터는 50%가 감면된다. 현재 시행 중인 취득세 50% 감면은 경제 환경과 지역경제 활성화 차원에서 2017년부터 2019년 12월 31일까지 3년간 연장되었다.

지식산업센터는 순수 임대 목적으로만 지식산업센터에 투자하기에는 제약이 따르니 주의해야 한다. 현행법상 개인이 지식산업센터를 분양받으려면 입주가 가능한 업종의 사업자로 등록돼 있어야 한다. 누구나 분양받을 수 있고, 자유롭게 사고팔며, 임대도 할 수 있는 오피스텔 및 상가와 구별이 되는 점이다. 오피스텔과 달리 주거·업무용이 아닌 업무용으로만 쓰이는 만큼 수요층도 한정적이다. 수요층이 한정되어 있기 때문에 인기 지역이라도 급격한 공급량 증가는 매매가 하락을 유발시키기 때문에 투자 시 고려해야 한다.

경매 입찰 전 인근 매각 사례를 통해 시세 대비 낙찰가율을 산정해 볼 수 있다. 그러나 부동산은 개별성이 강하므로 참고용으로만 보는 것이 좋다.

총평

본 건은 권리분석상 낙찰 후 인수금액이 없기에 입찰에 어려움이 없으나 국가산업단지 내 물건이어서 임대가 가능한지 먼저 조사한 후 입찰을 해야 한다. 간혹 낙찰 후 산업단지와 입주 계약을 체결하고 사업개시나 공장등록신고를 득해야 추후에 매각이 가능한 경우가 있기 때문이다. 현장조사 시 전기세, 수도세 등의 연체금을 인수할 수도 있으니 최종금액을 확인해야 하며 업무 관련 집기 방치 여부도 확인하여야 한다. 또한 평당 관리비 확인과 아울러 주변의 아파트형 공장 분포도, 주차여건 등을 파악하여 공실에 대한 대비를 해야 한다.

11 시세보다 저렴한 공장은 경매가 답이다

ㅡ 지분 경매

Q. 공장입찰 시 주의사항은 무엇인가?

A. 경매 물건에는 공장이 많은 편이며 제법 저렴하게 취득할 수 있다. 그 이유를 한마디로 답하자면 명도 때문이다. 공장에서 흔하게 발생하는 유치권신고도 결국은 명도의 난이도를 높이는 요소로 작용한다. 일반 부동산과 달리 공장은 내부에 고가의 시설물이 존재하는 경우가 많기 때문에 낙찰 후 명도협상 과정이 가장 중요한 요소라고 해도 과언이 아니다. 따라서 입찰 전에 점유자를 만나 깊은 대화를 통해 입찰 가부를 결정할 것을 권한다. 또한 내게 맞는 공장 용도인지 철저한 조사가 필요하다. 간혹 용도 변경이 힘들어서 낭패를 보는 경우가 있다.

■ 사건번호 : 2018타경518478

■ 소재지 : 경기도 화성시 서신면 상안리 92-16

물건종류	공장	감정가	1,109,572,400원
경매종류	부동산임의경매	최저가	(70%) 776,701,000원
매각대상	건물전체 및 토지지분매각	입찰보증금	(10%) 77,670,100원
토지면적	1,941.98㎡(587.45평)	청구금액	946,893,850원
건물면적	651.80㎡(197.17평)	채무자	김OO
매각기일	2019.10.18(금) 10:30	소유자	김OO
채권자	제OOOOOOOO		

목록	주소	구조/용도/대지권	면적	비고
토지	상안리 92-16	공장용지	1040㎡(314.60평)	
	상안리 92-22	공장용지	330㎡(99.83평)	
	상안리 92-10	도로 ①	3㎡(0.91평)	752분의 3 김OO지분
	상안리 92-14	도로 ②	210.98㎡(63.82평)	19327분의 4413 김OO지분
	상안리 92-32	임야	358㎡(108.30평)	
건물	상안리 92-16	1층 공장	540㎡(163.35평)	
	상안리 92-16	2층 공장	105㎡(31.76평)	
제시외건물	상안리 92-22	현관	6.8㎡(2.06평)	매각포함
	상안리 92-32	기계기구	5개	

위의 토지목록을 보면 상안리 ① 92-10, ② 92-14는 도로이며 지분이다. 건축법 상 도로가 접하지 않은 토지는 맹지라고 하는데 건축허가에 제한을 받을 수 있기 때문에 도로를 사용하고자 하는 소유주들이 각 지분만큼 도로부지로 사용하는 것을 도로 지분이라고 한다. 본 건과 같이 도로 공유지분이 있는 경우 도로를 이용하는 데 문제가 없으나, 건축허가를 위해 도로부지를 도로로 지정하려면 타 지분 소유자 모두의 동의가 필요하다.

본 건은 건축허가를 위한 도로가 확보되어 있기 때문에 입찰에 문제가 없으며 차후 신축허가를 받을 경우 타 지분권자의 사용 승낙 없이도 건축이 가능하다.

Tip

소유권을 지분으로 취득할 때 대처법

부동산에서 지분 취득은 불완전한 소유권을 지닌다는 뜻이다. 다수 또는 소수 지분권자의 소유권을 취득하고자 한다면 뚜렷한 해결책이 있어야 한다. 지분 경매의 경우 입찰 전 대출 제한이 있으며 취득 후 소유권 행사에서 어려움이 있다. 또한 공유자우선매수신고에 의해 입찰 당일 시간을 낭비하는 경우도 발생한다. 이러한 핸디캡을 감안하고서라도 지분을 취득하는 까닭은 매우 저렴하기 때문이다.

매수(낙찰) 후에 지분을 해결하는 통상적인 방법으로는 취득한 지분을 타 지분권자에게 매각하는 방식과, 타 지분을 추가로 매입하는 방식 그리고 이것이 쉽지 않을 경우 공유물분할청구소송을 통해 취득하는 방식이 있다.

본 경매 물건의 상세 정보는 다음과 같다.

위치 및 주위 환경 본 건은 경기도 화성시 서신면 상안리 소재 지촌말마을 북서쪽에 소재하며, 인근은 중소 규모의 공장, 농경지, 임야 등이 혼재하는 지역이다.

건물의 구조 일반 철골 구조, 기타 지붕 2층 공장

외벽 하단부 콘크리트 벽체, 상단부 패널 마감

바닥 컬러하드너 마감

천장 철골 트러스 노출 및 일부 텍스 마감

창호 새시 창호

제시외건물(㉠) 새시 구조 현관 출입구 약 6.8m²

기계기구 현황 볼트 제조용 Heading M/C 및 수변전설비로 경과년수 대비 외관은 보통인 편이다.

토지의 형상 및 이용 상태 인접지와 대체로 등고이며 평탄한 일단의 사다리형 공장부지로 서쪽으로 도로와 접한다. 토지(⑥)는 공부상 지목 임야이나 현황은 잡종지 상태로 남쪽 인접지보다 약 1~1.5m 정도 고지이다. 동쪽으로 7~8m 정도 콘크리트 옹벽이 있으며 구내는 대부분 콘크리트로 포장된 공장용지이다.

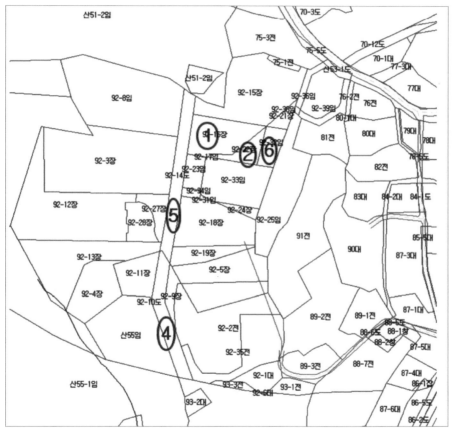

지적도

토지 이용 계획　본 건 토지의 이용 및 제한사항을 토지이용계획확인원을 통해 살펴보면 다음과 같다.

①, ⑤ 계획관리지역, 가축사육제한구역(모든 축종 제한지역)〈가축분뇨의 관리 및 이용에 관한 법률〉, 현상변경허가 대상구역〈문화재보호법〉, 성장관리권역〈수도권정비계획법〉

②, ⑥ 생산관리지역, 가축사육제한구역(모든 축종 제한지역)〈가축분뇨의 관리 및 이용에 관한 법률〉, 현상변경허가 대상구역〈문화재보호법〉, 토석채취제한지역〈산지관리법〉, 성장관리권역〈수도권정비계획법〉

④ 계획관리지역, 가축사육제한구역(모든 축종 제한지역)〈가축분뇨의 관리 및 이용에 관한 법률〉, 접도구역〈도로법〉, 현상변경허가 대상구역〈문화재보호법〉, 성장관리권역〈수도권정비계획법〉

임차인현황 (배당요구종기일 : 2019-02-25)

임차인	용도/점유	전입일자	확정일자	배당요구일	보증금/월세	대항력	비고
이OO	1층 중 24.24㎡	2016.03.01	2019.02.13	2019.02.14	20,000,000 [월]600,000	X ❶	2016.03.01~2019.03.01

등기부현황(토지)

구분	성립일자	권리소유	권리자	권리금액	인수/소멸
1		소유권	김OO		소멸
2	2011년9월9일	근저당권	중OOOOO	1,000,000,000원 ❷	소멸기준
3	2012년2월24일	근저당권	중OOOOO	300,000,000원	소멸
4	2017년10월13일	압류	국OOOOOO		소멸
5	2018년5월15일	압류	국		소멸
6	2018년7월23일	가압류	신OOOOO	80,000,000원	소멸
7	2018년8월20일	가압류	미OOOOOO	227,000,000원	소멸
8	2018년12월6일	압류	인OOOOOO		소멸
9	2018년12월10일	임의경매	중OOOOO		소멸
10	2019년1월7일	압류	국		소멸
11	2019년1월24일	가압류	강OO	62,973,794원	소멸
12	2019년1월29일	압류	화OO		소멸

등기부현황(건물)

구분	성립일자	권리소유	권리자	권리금액	인수/소멸
1		소유권	김OO		소멸
2	2011년9월9일	근저당권	중OOOOO	1,000,000,000원 ❸	소멸기준
3	2012년2월24일	근저당권	중OOOOO	300,000,000원	소멸
4	2017년10월13일	압류	국OOOOOO		소멸
5	2018년5월15일	압류	국		소멸
6	2018년7월23일	가압류	신OOOOO	80,000,000원	소멸
7	2018년8월20일	가압류	미OOOOOO	227,000,000원	소멸
8	2018년12월6일	압류	인OOOOOO		소멸
9	2018년12월10일	임의경매	중OOOOO		소멸
10	2019년1월7일	압류	국		소멸
11	2019년1월24일	가압류	강OO	62,973,794원	소멸
12	2019년1월29일	압류	화OO		소멸

① 임차인현황 : 권리신고 및 현황조사에 의하면 대항력이 없는 임차인 '이OO'가 배당요구를 하였으며 1층 중 24.24㎡를 점유하고 있다.

②, ③ 등기부현황(토지, 건물) 2번 : 2011년 9월 9일, 1,000,000,000원, 근저당권 (말소기준권리) 소멸기준 ☞ 등기부 순위번호 2번부터 9번까지 모두 소멸된다.

매각물건명세서

① 최선순위 설정일자 : 목록1~5 2011. 9. 9. 근저당권 / 목록6 2011. 12. 20. 근저당권(말소기준권리)

② 조사된 임차 내역 : 대항력이 없는 1명의 임차인이 있으며 차임은 보증금 20,000,000원, 월세 600,000원으로 신고를 하였다.

※비고란 : 토지, 건물 일괄매각이며 제시외건물(㉠)이 매각에 포함되었다.

③ 기계기구 Heading M/C 외 4점 매각에 포함(감정평가서 참조)〈공장 및 광업재단 저당법 제6조〉

④ 제시외건물(철구조 천막지붕 창고) 2동은 매각에서 제외되었다.

공장 내부 및 제시외건물

권리분석 결론

등기부현황에 의하면 말소기준권리 이후 모두 소멸되며, 현황조사에 의하면 대항력 없는 1명의 임차인이 있기에 입찰에 문제가 없다. 본 건은 공장 내 기계기구 5점이 매각에 포함되었으나 제시외건물 2동은 매각에서 제외되었기에 입찰 전 제시외건물 소유자와의 면담이 필요하며 낙찰 후 대응방안이 필요하다.

대지면적	1,370.00㎡	연면적	645.00㎡	건축면적	542.80㎡	용적율연면적	645.00㎡
건폐율	39.62%	용적율	47.08% ①	주용도	공장	허가일	2008-05-19
착공일	2008-05-28	사용승인일	2011-07-14				
∗ 지상, 1층, 일반철골, 일반공장, 540㎡				∗ 지상, 2층, 일반철골, 공장, 105㎡			
지번	92-10	지목/면적	도로 (752㎡)	공시지가	기준일 : 2019/01 → 74,200원 / ㎡		
∗ 계획관리지역 ∗ 접도구역 ∗ 현상변경허가 대상구역 ∗ 성장관리권역							
지번	92-14	지목/면적	도로 (924㎡)	공시지가	기준일 : 2019/01 → 74,200원 / ㎡		
∗ 계획관리지역 ∗ 현상변경허가 대상구역 ∗ 성장관리권역							
지번	92-16	지목/면적	공장용지 (1,040㎡)	공시지가	기준일 : 2019/01 → 202,500원 / ㎡		
∗ 계획관리지역 ∗ 가축사육제한구역 ∗ 현상변경허가 대상구역 ∗ 성장관리권역							
지번	92-22	지목/면적	공장용지 (330㎡)	공시지가	기준일 : 2019/01 → 208,000원 / ㎡		
∗ 생산관리지역 ∗ 가축사육제한구역 ∗ 현상변경허가 대상구역 ∗ 토석채취제한지역 ∗ 성장관리권역							
지번	92-32	지목/면적	임야 (358㎡)	공시지가	기준일 : 2019/01 → 208,000원 / ㎡		
∗ 생산관리지역 ∗ 가축사육제한구역 ∗ 현상변경허가 대상구역 ∗ 토석채취제한지역 ∗ 성장관리권역							

위의 자료는 토지이용계획확인원 및 건축물대장을 요약한 부동산 종합공부 내용이다. 건축물의 주 용도는 공장이며 ① 건축물 사용승인일은 2011년 7월 14일이다. 토지이용계획상 총 5필지 토지가 계획관리지역 및 생산관리지역이며 도로, 공장용지, 임야로 되어 있다. 본 건은 지상 2층으로 건축물대장상 적법한 물건이며 일반 철골 구조이다.

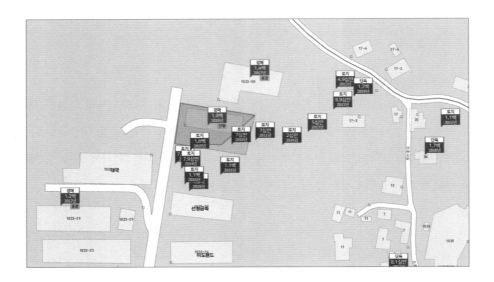

본 경매 물건의 인접 토지 중 2015년에 거래된 토지의 평단가는 1,6000,000원이며, 2017년에 진행한 경매 물건의 토지 평단가는 1,4000,000원임을 확인할 수 있다. 본 건은 토지면적당 단가는 1,888,795원/3.3㎡이며, 공시지가는 2019년 1월 기준으로 208,000원/㎡이다.

총평

본 건은 권리분석상 낙찰 후 인수금액이 없기에 입찰에 문제가 없으나 타인 소유의 제시외건물 2동이 매각에서 제외되었기에 낙찰 후 대응방안을 모색하여야 한다. 입찰 전 현장조사 시 전기요금이 연체되었다면 정확한 금액을 확인하여야 한다. 공장의 경우 전기소비량이 많아 연체금이 과다할 수도 있기 때문이다. 또한 공장 내 산업폐기물 방치 여부도 꼼꼼히 확인해야 차후 발생될 철거 및 폐기비용을 가늠할 수 있다.

본 건은 낙찰가 산정을 할 때 당연히 현 시세를 반영하지만 위와 같은 요소를 모두 반영하여 적정 입찰가격을 책정하는 것이 합리적이다.

공장은 신축이 힘들고 각종 인허가를 받는 데 많은 시간과 비용이 소요된다. 수도권의 경우 공장 총량제를 적용받아 신축이 더 어려운 실정이다. 공장은 산업단지 이외의 경우 각종 개발 효과로 인해 지속적으로 지가상승이 예측되어 차후 매각 시 시세차익을 누릴 수 있기 때문에 재테크 수단으로도 효과적이다. 단, 공장 주변의 공실 여부와 임대수익률, 민원 등을 고려하여야 하는 과제는 필수다.

Tip

공장 경매 입찰 시 확인해야 하는 필수사항

1. 취득하고자 하는 공장의 업종을 확인하고 공장 허가 승계 여부를 확인한다.
2. 공장은 교통의 접근성이 매우 중요하므로 도로망을 확인하여야 한다. 도로가 없는 경우 도로 확보에 어려움이 없는지도 사전에 조사하여야 한다.
3. 공장의 용도 변경이 가능한지 시·군청에 확인할 필요가 있다. 차후 다른 용도로 변경 시 부동산의 가치를 상승시킬 수 있기 때문이다.
4. 향후 토지 지가 상승 요인이 있는지를 확인한 후 취득해야 한다.
5. 공장 기계기구가 감정평가서에 포함되었어도 리스회사 소유인 경우에는 법적 분쟁 요소가 있을 수 있으니 사전에 꼼꼼히 살펴야 한다.
6. 공장 내 불법건축물이 있는 경우가 많으니 이행강제금 여부를 확인해야 한다.
7. 산업폐기물 오염 상태와 폐기물 허가 여부를 확인해야 한다.
8. 연체된 공과금을 확인해야 하며 낙찰 후 인수 가능성도 확인해야 한다.
9. 공장 층고를 확인하고 주변에 민원이 발생되는 업종인지 확인한다.
10. 감정평가서에 공시된 토지, 건물, 기계기구 등을 세심히 확인한다.

12 전문가도 몰랐던
토지 경매 노하우
― 법정지상권

Q. 법정지상권 경매 물건 접근이 가능한가?

A. 현 시점에서 진행되는 경매 물건 중에는 법정지상권 성립 여지가 있는 물건이 흔하지 않다. 자기 땅 위에 제3자가 허락 없이 건축하는 것을 보고 있을 사람이 거의 없기 때문이다. 물론 쉽게 여길 문제는 아니지만 실무상 경험에 비추어 보자면 낙찰 후 건물 소유자와 협상에 의한 해결이 다반사였다. 다만 법정지상권 성립 여지가 있다고 명시된 토지는 대출에 제한이 있다는 점을 명심해야 한다.

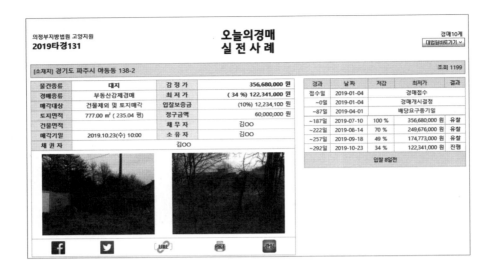

■ 사건번호 : 2019타경131

■ 소재지 : 경기도 파주시 야동동 138-2

물건종류	대지	감정가	356,680,000원
경매종류	부동산강제경매	최저가	(34%) 122,341,000원
매각대상	건물제외 및 토지매각	입찰보증금	(10%) 12,234,100원
토지면적	777.00㎡ (235.04평)	청구금액	60,000,000원
건물면적		채무자	김OO
매각기일	2019.10.23(수) 10:00	소유자	김OO
채권자	김OO		

목록	주소	구조/용도/대지권	면적
	야동동 138-2	전	258㎡(78.05평)
토지	야동동 138-6	대	175㎡(52.94평)
	야동동 138-10	대	344㎡(104.06평)

본 경매 물건의 상세 정보는 다음과 같다.

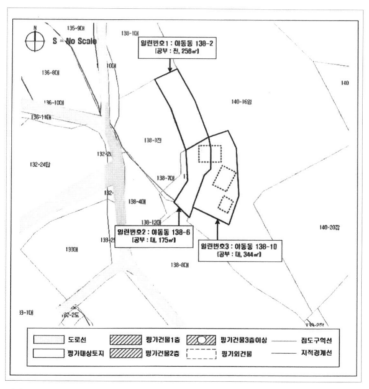

지적도

위치 및 주위 환경　본 건은 경기도 파주시 야동동 소재 문산중학교 북동쪽에 위치하며 주변에 주택, 아파트, 근린생활시설, 군부대 등이 소재하는 지역이다.

교통 상황　본 건은 지적도상 차량 출입이 불가하다. 현재 군부대 부지를 통하여 일련번호3으로 차량 및 도보로 접근 가능하고 일련번호1과 일련번호2는 다른 부지를 통하여 접근이 가능하다. 인근에 소재하는 버스 정류장까지의 거리와 운행빈도 등으로 보아 제반 대중교통 사정은 보통이다.

토지의 형상 및 이용 상태　본 건은 평지의 부정형 토지이며, 현황 일련번호1은 '묵전'으로, 일련번호2, 3은 외관상 주거용 부지로 이용 중이다.

인접 도로 상태　본 건은 맹지이다.

토지 이용 계획　본 건은 계획관리지역, 상대보호구역, 절대보호구역, 제한보호구역(전방지역 25km)〈군사기지 및 군사시설 보호법〉이다.

기타 참고사항　본 건 일련번호2, 3 지상에 건축물(무허가건축물 포함)이 소재하나 소유 및 임대관계 등은 미상이다.

임차인현황 (배당요구종기일 : 2019-04-01)

임차인	용도/점유	전입일자	확정일자	배당요구일	보증금/월세	대항력	비고
김○○		2018.07.11					
박○○		2017.03.27					
최○○		2011.08.10					

비고 : 조사차 방문하였으나 지상 건물의 거주자 등은 만나지 못하였고, 덧붙인 주민등록표등본에는 임차인으로 조사한 2세대와 건물의 소유자 1세대가 등재되어 있으니 점유관계 등은 별도의 확인바람.

임차인으로 조사한 사람은 주민등록등재자이고, 점유자 박○○는 지상 건물의 소유자임 **❶**

등기부현황(토지)

구분	성립일자	권리소유	권리자	권리금액	인수/소멸
1		소유권	김○○		소멸
2	2019년 1월 7일	강제경매	김○○		**❷** 소멸기준

① 임차인현황 : 주민등록표등본 의하면 권리신고를 하지 않은 2명의 임차인과 지상건물의 소유자인 점유자 '박OO'이 있음을 확인할 수 있다.

② 등기부현황(토지) 2번 : 2019년 1월 4일, 60,000,000원, 경매개시결정 소멸기준 ☞ 등기부 순위번호 2번부터 소멸된다.

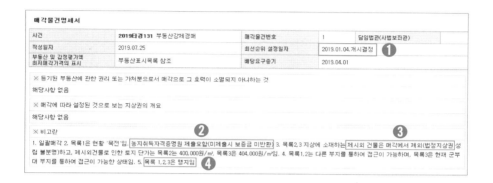

매각물건명세서

① 최선순위 설정일자 : 2019. 1. 4. 경매 개시결정(말소기준권리)

② 농지취득자격증명원 제출 요함(미제출 시 보증금 미반환)

토지 경매에서 농지를 낙찰받을 경우 농지취득자격증명원을 제출해야 입찰보증금을 몰수당하지 않게 된다. 토지 경매 시 가장 중요한 부분이다. 토지가 지목이나 현황상 전, 답일 때 농취증을 제출하여야 한다. 낙찰 후 1주일 이내 즉 매각허가결정기일까지 제출하여야 하며 2주일 이내에 제출하지 않으면 매각불허가뿐만 아니라 입찰보증금을 몰수당한다.

농지라는 것은 지목이 전, 답이거나 현황상 전, 답, 과수원, 다년생 농작물 재배지로 이용되는 토지를 말한다. 농지는 거주지역에 상관없이 취득할 수 있지만 농지를 보유하지 않은 사람은 최소 취득면적이 1,000㎡ 이상 되어야 농지취득자격증명을 발급받을 수 있다.

농지취득자격증명은 처리기한이 영농의 경우는 4일, 주말체험농장의 경우는 2일이다. 그러다 보니 문제가 발생할 경우 대처시간이 3일에 불과하다. 그래서 꼭 필요한 땅이라면 경매 전에 미리 준비하는 것이 좋다.

③ 지상에 소재하는 제시외건물은 매각에서 제외(법정지상권 성립 불분명)

④ 토지 목록 1, 2, 3은 맹지이다.

맹지는 도로와 맞닿은 부분이 전혀 없는 토지로서 건축법상 허가의 대상이 아니다. 건축법에 의하면 도로가 2m 이상을 접하지 않을 시 건축이 불가능한 토지이다.

Tip

지료청구권이 필요한 부동산

법정지상권이란 토지와 그 지상의 건물이 동일인에게 속하고 있었으나 어떤 사정으로 인하여 토지와 지상건물의 소유자가 각각 달라진 경우를 말한다. 다음과 같은 경우에 성립된다.

① 토지와 건물의 소유자가 동일할 것

② 토지 저당권설정 당시에 건물이 있었을 것

③ 매각 시 토지와 건물의 소유자가 달라질 것

토지와 그 지상건물의 소유자가 다를 경우 건물이 철거되면 사회적, 경제적 손실이 발생되므로 이를 방지하기 위해 인정되는 것이 법정지상권이다. 이렇게 인정된 법정지상권으로 어느 한편의 이익만을 추구하려는 것이 아니므로 그에 대한 급부로 지료를 정한다.

지료는 당사자 간의 협의가 우선이나 협의가 되지 않을 경우 당사자의 청구에 의해서 법원이 결정한다. 2년 이상 연체되면 지상권 소멸을 청구할 수 있기 때문에 철거가 가능하다.

권리분석 결론

등기부현황에 의하면 말소기준권리 이후 모두 소멸되며, 현황조사에 의하면 대항력 없는 2명의 임차인과 1명의 소유자가 점유하는 것으로 추정되므로 정확한 조사가 필요하다. 본 건은 토지만 취득하는 경매이므로 낙찰 후 인수사항은 없다. 다만 지상의 주택 소유자 및 점유자와에 대한 대응이 핵심이므로 사전 계획을 철저히 세우고 응찰하여야 한다.

지번	138-2	지목/면적	전 (258㎡)	공시지가	기준일 : 2019/01 → 210,800원 / ㎡
* 계획관리지역 * 제한보호구역 군사기지 및 군사시설 보호법 * 상대정화구역 학교보건법					
지번	138-6	지목/면적	대 (175㎡)	공시지가	기준일 : 2019/01 → 324,900원 / ㎡
* 계획관리지역 * 제한보호구역 군사기지 및 군사시설 보호법 * 상대정화구역 학교보건법					
지번	138-10	지목/면적	대 (344㎡)	공시지가	기준일 : 2019/01 → 324,900원 / ㎡
* 계획관리지역 * 제한보호구역 군사기지 및 군사시설 보호법 * 상대정화구역 학교보건법					

위의 자료는 토지이용계획확인원 및 건축물대장을 요약한 부동산 종합공부 내용이다. 토지이용계획상 총 3필지 토지가 계획관리지역이며 지목이 전, 대, 대로 되어 있다. 특이한 사항은 본 건은 제한보호구역 군사기지 및 군사시설 보호법에 속한다.

총평

본 건은 권리분석상 낙찰 후 인수금액이 없기에 입찰에 문제가 없으나 건축물을 제외하고 토지만 취득이 가능하며 농취증 제출이 필요한 경매 물건이다. 입찰 전에 현장조사할 때 지상의 주택 점유자를 반드시 파악하여야 한다.

주택이 타인의 소유로 되어 있기에 철거 및 명도와 관련하여 정확한 데이터 없이 입찰을 하게 되면 낭패를 볼 수 있다. 만약 계속된 폐문부재로 점유자를 만날 수 없다면 인근 주민을 통해 정보를 습득하여 낙찰 후 법적인 절차에 대한 계획을 세워야 한다.

　본 건은 타인의 토지를 통해서만 진입할 수 있는 맹지이며 법적 다툼이 예상되는 물건이나 현재 34%까지 유찰되었고 토지면적이 777.00㎡(235.04평)로 넓은 만큼 목적에 맞게 사용할 수 있다면 경매의 묘미를 느낄 수 있는 사례이다.

13 유치권이 신고된 물건은 그림의 떡인가?

— 유치권 해결법

Q. 유치권이 있어 저렴한데 낙찰받아도 문제가 없는가?

A. 유치권이 신고된 경매 물건의 경우 유치권자의 신고 시점과 정확한 원인 서류가 없는 허위 유치권과, 법원의 판결문을 받은 원인 서류에 의한 유치권신고 2가지로 압축된다. 후자의 경우는 당연히 인정하고 입찰하는 것이 상책이다.

전자의 경우 무조건 허위 유치권이라 단정 지을 수 있는 것은 아니다. 채권자에 의해 유치권 배제 신청이 공표된 물건이라도 현장조사를 하다 보면 유찰 이유를 파악할 수 있다. 결론적으로 유치권이 신고된 부동산은 유치권 서류를 토대로 현장조사를 통해 진위를 확인하고, 유치권자와의 협상 여지를 파악하는 것이 가장 중요하다. 또한 대출 제한이 있기에 자금 계획을 사전에 세우는 것이 핵심이다. 유치권이 신고된 물건은 어려움이 있는 대신 큰 수확을 얻을 수 있기 때문에 매력 있는 특수물건 중 하나이다.

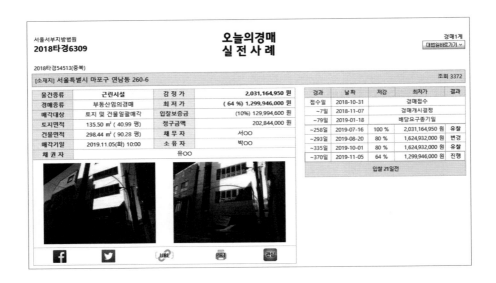

■ 사건번호 : 2018타경6309

■ 소재지 : 서울특별시 마포구 연남동 260-6

물건종류	근린시설	감정가	2,031,164,950원
경매종류	부동산임의경매	최저가	(64%) 1,299,946,000원
매각대상	토지 및 건물 일괄매각	입찰보증금	(10%) 129,994,600원
토지면적	135.50㎡(40.99평)	청구금액	202,844,000원
건물면적	298.44㎡(90.28평)	채무자	서○○
매각기일	2019.11.05.(화) 10:00	소유자	박○○
채권자	유○○		

목록	주소	구조/용도/대지권	면적	비고
토지	연남동 260-6	대	135.5㎡(40.99평)	
	동교로38길 6-7	1층 근린생활시설	51.82㎡(15.68평)	
	동교로38길 6-7	2층 근린생활시설	71.92㎡(21.76평)	
	동교로38길 6-7	3층 근린생활시설	71.92㎡(21.76평)	
건물	동교로38길 6-7	4층 근린생활시설	44.94㎡(13.59평)	
	동교로38길 6-7	5층 근린생활시설	30.03㎡(9.08평)	
	동교로38길 6-7	옥탑	9.1㎡(2.75평)	
	동교로38길 6-7	주방	8.22㎡(2.49평)	매각포함
제시외건물	동교로38길 6-7	발코니	4.64㎡(1.40평)	매각포함
	동교로38길 6-7	발코니	5.85㎡(1.77평)	매각포함

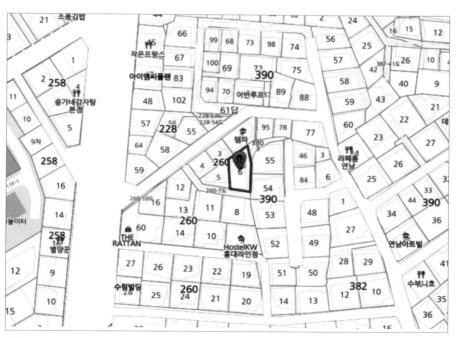

지적도

본 경매 물건의 상세 정보는 다음과 같다.

위치 및 주위 환경 본 건은 서울특별시 마포구 연남동 소재 경성고등학교 남동쪽에 위치하며 주변은 단독 및 다세대주택과 상업시설 등이 혼재한 지역이다.

교통 상황 본 건으로 차량 진입이 가능하며 인근에 버스 정류장이 있다. 남동쪽에 경의선, 공항철도 홍대입구역이 있고, 남쪽 근거리에 지하철 2호선 홍대입구역이 있어 교통 상황은 비교적 좋은 편이다.

건물의 구조 철근 콘크리트 구조, 평지붕 5층 건물

외벽 화강석 마감

내벽 타일 및 페인트 마감

창호 하이새시 창호

설비 내역 위생설비, 승강기, CCTV, 도시가스에 의한 난방시설 등이 있다.

토지의 형상 및 이용 상태 인접도로와 대체로 등고 평탄한 부정형 토지이며, 1~4층은 근린생활시설(공실), 5층은 근린생활시설(사무실)로 이용 중이다.

인접 도로 상태 본 건 남쪽으로 약 3m 폭의 도로에 접하고 있다.

토지 이용 계획 제2종일반주거지역(7층 이하), 과밀억제권역

제시외건물 없다.

공부와의 차이 없다.

유치권 행사 중

Tip

유치권 신고된 물건의 진정성

유치권은 타인의 물건 또는 유가증권을 점유한' 자가 그 물건이나 유가증권에 관하여 생긴 채권을 가지는 경우에, 채권이 변제기에 있다면 변제를 받을 때까지 그 물건 또는 유가증권을 유치할 수 있는 권리를 말한다(민법 320조).

유치권은 건축주와 공사업체가 대금을 약정하고 건물을 신축하기로 하였으나 공사가 진행 또는 완료되었을 때 공사업체가 공사대금을 받지 못한 경우 공사대금의 채권을 지급받을 수 있는 법적 방법이다. 건축주 명의의 신축 건물에 공사대금을 피보전권리로 하는 부동산 가압류를 한 후 본안 판결문을 받는 형태가 대표적인 유치권 사례이다.

유치권은 공사업체가 건물을 점유하면서 공사 대금의 지급이 완료될 때까지 점유를 유치하여야 한다. 이러한 점유는 유치권 행사에 해당하므로 적법한 점유로 인정되어 건축주는 임의로 내쫓을 수 없을 뿐만 아니라 법에 의한 명도소송을 제기하여도 승소하지 못한다.

경매 실무에서는 채권자에 의해 유치권배제신청이 이루어진 물건을 볼 수 있는데 이러한 경우는 유치권 성립이 되지 않는 물건이나, 허위 유치권신고로 인하여 이익을 취할 목적이 있는 경우 방어책으로 법원에 호소하는 경우다. 법원에서는 유치권신고의 진정성을 파악해야 하는 의무가 없기 때문에 경매 입찰자 입장에서 단순히 서류만 가지고 유치권의 유무를 판단하여서는 안 되며 유치권자와의 면담을 통해 입찰 여부를 결정지어야 한다.

임차인현황 (배당요구종기일 : 2019-01-18)

임차인	용도/점유	전입일자	확정일자	배당요구일	보증금/월세	대항력	비고
박OO	4층	2018.01.24	미상		20,000,000 [월]2,250,000	X	2017.12.15.~2019.12.14
서OO	2층전부		2017.10.25	2019.07.17	1억원		2017. 9. 1.부터2019. 9. 19
우OO	5층	2018.01.05	미상		10,000,000 ❶ [월]900,000	X	2018.01.02.~2020.01.01
유OO	2층전부			2019.07.17			2017.9.18. 부터 2019. 9. 19.
주OOOOOOO	2~4층 전부		2018.04.16		102,000,000(각 층별로 34,000,000)		2018.04.10-
비고 (매각물건명세서)		유■■ : 임차인 서■■와 임차부분 동일, 신청채권자 겸 근저당권자인 유■■과 동일인으로서 임차건물에 사업자등록은 하지 않고 서울중앙지방법원 중부등기소에서 확정일자를 받음. 주식회사 ■■■■ : 전세권자로 전세권설정등기일은 2018.04.16.임.					

비고 : 1~2층은 식당으로 조리기구 및 탁자세트 등이 설치되어 있으나 폐문부재, 소등상태인 것으로 보아 운영치 않는 것으로 보이고, 3, 4층은 공실상태임. 5층에는 인터넷쇼핑몰 '밝힘상회'가 소재, 운영하고 있음. 전입세대열람내역, 주민등록표등본, 상가건물임대차현황서에 기재된 세대주 및 임차인은 모두 일응 임차인으로 등록함. 사망말소 세대주와 본건과의 관계는 미상임.

1~2층은 식당으로 조리기구 및 탁자세트 등이 설치되어 있으나 폐문부재, 소등상태인 것으로 보아 운영치 않는 것으로 보이고, 3, 4층은 공실상태임. 5층에는 인터넷쇼핑몰 '■■■■'가 소재, 운영하고 있음. 전입세대열람내역, 주민등록표등본, 상가건물임대차현황서에 기재된 세대주 및 임차인은 모두 일응 임차인으로 등록함. 사망말소 세대주와 본건과의 관계는 미상임.

① 임차인현황 : 권리신고 및 현황조사에 의하면 대항력 없는 4명의 임차인과 대항력 있는 1명의 임차인이 있으며 선순위 임차인이 배당종기 이후 배당요구를 하였기에 낙찰 후 보증금 1억 원을 인수해야 한다. 보증금 합계 금액은 232,000,000원이며 월세합계 금액은 3,150,000원으로 신고되어 있다.

1, 2층은 식당으로 조리기구 및 탁자 세트 등이 설치되어 있으나 폐문부재이며 소등 상태인 것으로 보아 운영하지 않는 것으로 보이고, 3, 4층은 공실 상태이며, 5층에는 인터넷쇼핑몰 'OOOO'가 소재, 운영하고 있다.

등기부현황(토지)

구분	성립일자	권리소유	권리자	권리금액	인수/소멸
1		소유권	박○○		소멸
2	2017년 12월 8일	근저당권	금○○○○○○○○○○	1,440,000,000원	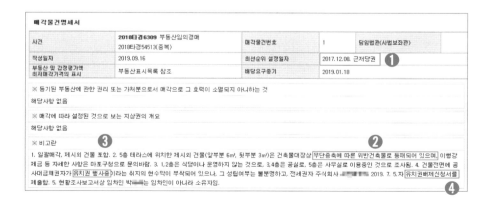소멸기준
3	2018년 4월 16일	근저당권	(○○○○○○	705,000,000원	소멸
4	2018년 5월 16일	근저당권	권○○	500,000,000원	소멸
5	2018년 6월 27일	근저당권	유○○	360,000,000원	소멸
6	2018년 11월 9일	임의경매	유○○		소멸
7	2018년 12월 7일	임의경매	(○○○○○○		소멸
8	2019년 5월 9일	압류	서○○○○○○○		소멸

등기부현황(건물)

구분	성립일자	권리소유	권리자	권리금액	인수/소멸
1		소유권	박○○		소멸
2	2017년 12월 8일	근저당권	금○○○○○○○○○○	1,440,000,000원	소멸기준
3	2018년 4월 16일	근저당권	(○○○○○○	705,000,000원	소멸
4	2018년 4월 16일	전세권	(○○○○○○	34,000,000원	소멸
5	2018년 4월 16일	전세권	(○○○○○○	34,000,000원	소멸
6	2018년 4월 16일	전세권	(○○○○○○	34,000,000원	소멸
7	2018년 5월 16일	근저당권	권○○	500,000,000원	소멸
8	2018년 6월 27일	근저당권	유○○	360,000,000원	소멸
9	2018년 11월 9일	임의경매	유○○		소멸
10	2018년 12월 7일	임의경매	(○○○○○○		소멸

①, ② 등기부현황(토지, 건물) 2번 : 2017년 12월 8일, 1,440,000,000원, 근저당권 소멸기준 ☞ 등기부 순위번호 : 토지는 2번부터 8번까지, 건물은 2번부터 10번까지 모두 소멸된다.

매각물건명세서

사건	2018타경6309 부동산임의경매 2018타경54513(중복)	매각물건번호	1	담임법관(사법보좌관)	
작성일자	2019.09.16	최선순위 설정일자	2017.12.08. 근저당권 ①		
부동산 및 감정평가액 최저매각가격의 표시	부동산표시목록 참조	배당요구종기	2019.01.18		

※ 등기된 부동산에 관한 권리 또는 가처분으로서 매각으로 그 효력이 소멸되지 아니하는 것

해당사항 없음

※ 매각에 따라 설정된 것으로 보는 지상권의 개요

해당사항 없음

※ 비고란

1. 일괄매각, 제시외 건물 포함. 2. 5층 테라스에 위치한 제시외 건물(앞부분 6㎡, 뒷부분 3㎡)은 건축물대장상 무단증축에 따른 위반건축물로 등재되어 있으며, 이행강제금 등 자세한 사항은 마포구청으로 문의바람. 3. 1,2층은 식당이나 운영하지 않는 것으로, 3,4층은 공실로, 5층은 사무실로 이용중인 것으로 조사됨. 4. 건물전면에 공사대금채권자가 유치권 행사중이라는 취지의 현수막이 부착되어 있으나, 그 성립여부는 불분명하고, 전세권자 주식회사 ■■■ 2019. 7. 5.자 유치권배제신청서를 제출함. 5. 현황조사보고서상 임차인 박■■는 임차인이 아니라 소유자임.

매각물건명세서

① 최선순위 설정일자 : 2017. 12. 8. 근저당권(말소기준권리)

② 5층 테라스에 위치한 제시외건물(앞부분 6㎡, 뒷부분 3㎡)은 건축물대장상 무단증축에 따른 위반건축물로 등재되어 있으며, 이행강제금 등 자세한 사항은 해당 구청으로 문의하여야 한다.

③ 건물 전면에 공사대금채권자가 유치권 행사중이라는 취지의 현수막을 부착했으나, 그 성립 여부는 불분명하다.

④ 전세권자 '주식회사 OOOO'가 2019년 7월 5일에 유치권배제신청서를 제출하였다.

권리분석 결론

등기부현황에 의하면 말소기준권리 이후 모두 소멸되며, 현황조사에 의하면 대항력 있는 1명의 임차인인 보증금 1억 원을 인수해야 한다. 또한 층별 사용이 중복되는 점유자가 있기 때문에 현장조사 시 정확한 점유관계를 파악하여야 한다.

본 건은 유치권이 신고와 아울러 채권자에 의해 배제신청도 접수된 물건이다. 유치권의 진정성은 서류 검토를 토대로 유치권자를 만나는 방법이 가장 확실하다.

본 건은 유치권에 의해 잔금 대출에 제한이 있기에 입찰 전에 자금 계획을 철저히 세워야 하며 확실한 판단이 없는 상태에서는 입찰하지 않아야 한다.

일반건축물대장(갑)　위반건축물

| 고유번호 | 1144012400-1-02600006 | 민원24접수번호 | 20190111 - 80372612 | 명칭 | 보림빌딩 | 호수/가구수/세대수 | 0호/0가구/0세대 |

| 대지위치 | 서울특별시 마포구 연남동 | | 지번 | 260-6 | 도로명주소 | 서울특별시 마포구 동교로38길 6-7 |

※대지면적	135.5 ㎡	연면적	270.63 ㎡	※지역	제2종일반주거지역	※지구	대공방어협조구역	※구역
건축면적	74.71 ㎡	용적률 산정용 연면적	270.63 ㎡	주구조	철근콘크리트구조	주용도	근린생활시설	층수	지하 0층/지상 5층
※건폐율	55.14 %	※용적률	199.73 %	높이	15 m	지붕	평지붕	부속건축물	동 ㎡
※조경면적	㎡	※공개 공지 공간 면적	㎡	※건축선 후퇴면적	㎡	※건축선 후퇴거리	m

건축물 현황 / 소유자 현황

구분	층별	구조	용도	면적(㎡)	성명(명칭) 주민(법인)등록번호 (부동산등기용등록번호)	주소	소유권 지분	변동일 변동원인
주1	1층	철근콘크리트구조	제2종근린생활시설(일반음식점)	45.52	박○○		/	2018.03.05 등기명의인표시변경
주1	1층	철근콘크리트구조	보행통로	6.3	************			
주1	2층	철근콘크리트구조	제2종근린생활시설(일반음식점)	71.92	- 이하여백 - ※ 이 건축물대장은 현소유자만 표시한 것입니다.			
주1	3층	철근콘크리트구조	제2종근린생활시설(일반음식점)	71.92				

이 등(초)본은 건축물대장의 원본 내용과 틀림없음을 증명합니다.

마포구청장

※ 표시 항목은 총괄표제부가 있는 경우에는 기재하지 않을 수 있습니다.

| 고유번호 | 1144012400-1-02600006 | 민원24접수번호 | 20190111 - 80372612 | 명칭 | 보림빌딩 | 호수/가구수/세대수 | 0호/0가구/0세대 |

| 대지위치 | 서울특별시 마포구 연남동 | | 지번 | 260-6 | 도로명주소 | 서울특별시 마포구 동교로38길 6-7 |

구분	성명 또는 명칭	면허(등록)번호		※주차장				승강기		허가일	2016.12.19
건축주	박○○		구분	옥내	옥외	인근	면적	승용 1 대	비상용 대	착공일	2016.12.27
설계자								※ 하수처리시설		사용승인일	2017.10.20
공사감리자			자주식	대 ㎡	2 대 23 ㎡	대 ㎡		형식	부패탱크방법	관련 주소	
공사시공자 (현장관리인)	박○○		기계식	대 ㎡	대 ㎡	대		용량	50인용	지번	

※건축물 에너지효율등급 인증		※에너지성능지표(EPI) 점수		※녹색건축 인증		※지능형건축물 인증	
등급				등급		등급	
에너지절감율(또는 1차에너지 소요량)	%(kw/h)	인증점수	점	인증점수	점	인증점수	점
유효기간:				유효기간:		유효기간:	도로명

| 내진설계 적용 여부 | 적용 | 내진능력 | 내진설계법주D | 특수구조 건축물 | | 특수구조 건축물 유형 | |
| 지하수위 | G.L m | 기초형식 | 기초저면이하 m | 지내력기초 | 설계지내력(지내력기초인경우) 20 t/㎡ | 구조설계 해석법 | 동적해석법 |

변동사항

변동일	변동내용 및 원인	변동일	변동내용 및 원인	그 밖의 기재사항
2017.10.20	건축과-26516(2017.10.20.)호에 의거 신규작성(신축)		- 이하여백 -	
2018.07.03	도시경관과-10108(2018.07.03.)호에 의거 위반건축물표기 [5층앞, 판넬/샤시, 주거, 6㎡ 무단증축]			
2018.07.03	도시경관과-10108(2018.07.03.)호에 의거 위반건축물표기 [5층뒤, 판넬/샤시, 주거, 3㎡ 무단증축]			

---

① 본 건은 제2종일반주거지역으로 주 용도는 근린생활시설이며 지상5층 건물이다.

② 건축물의 위반사항은 5층 앞, 패널/새시, 주거, 6㎡ 무단증축과 5층 뒤, 패널/새시, 주거, 3㎡ 무단증축이다. 참고로 건물 사용승인일은 2017년 10월 20일이며 승강기 1대, 옥외주차장 2대가 있다.

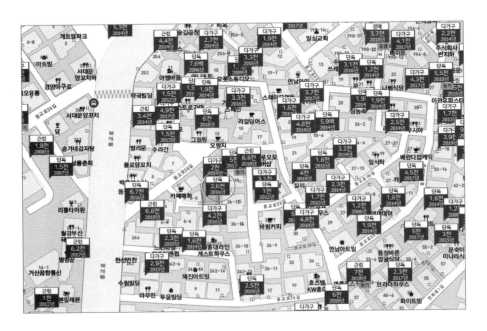

본 경매 물건 인접 토지의 실거래 평단가(토지)는 근린시설의 경우 5,000만 원 ~6,000만 원, 주택의 경우 3,000만 원~4,000만 원임을 확인할 수 있다. 본 건이 단독주택인 2016년 11월 매매거래 당시 토지면적당 단가는 26,836,633원/3.3㎡이었다. 공시지가는 2019년 1월 기준으로 5,245,000원/㎡이다.

총평

본 건은 핫 플레이스인 홍대입구역 인근에 위치한 꼬마빌딩이다. 토지면적은

135.5m²(40.99평)로 작지만 현재 경매 최저가격이 (64%)1,299,946,000원으로 매력적이다.

다만 풀어야 할 숙제가 많은데 그중 핵심은 본 건물에 유치권 행사가 진행 중이라는 것이다. 또한 신고주체가 정확한 공사대금을 밝히지 않아 낙찰 후 인수금액에 대해서도 고려해야 하므로 입찰 전에 유치권자를 만나 정확한 금액을 산출하고 해결방안을 모색해야 한다.

경매 채권자에 의해 유치권배제신청이 접수되었으나 유치권자도 공사대금과 관련하여 소송을 진행하는 중이기 때문에 철저하게 조사하지 않고 입찰에 참여하면 낭패를 볼 수 있다.

입찰 전에 확실한 정보를 얻었다면 낙찰가 산정에 신중을 기해야 하며 위반건축물과 유치권신고에 의해 대출이 제한되기 때문에 자금 계획을 꼼꼼히 세워야 한다. 마지막으로 낙찰 후 임차인 구성에 따른 수익률에 대한 시장조사도 필요하다.

본 경매 물건은 특수물건의 종합판이라고 해도 과언이 아니다. 경매 초보자라고 해서 무조건 포기할 사안도 아니고, 경매 고수라고 해서 자만해서는 안 되는 사례라 할 수 있다.

이제부터 시작이다

1년 동안 노력한 작업이 이제야 결실을 맺으니 감개무량하면서도 한편으로는 아쉬움이 밀려온다. 수차례 원고를 쓰고 지우고 하다 보니 책 한 권 만든다는 것이 결코 쉽지 않으며 인고의 세월이 수반되어야 함을 느끼게 되었다.

이 책은 부동산 분야 중 법원 경매를 다루는 내용이다. 저자가 운영하는 유튜브 '오늘의경매'의 메시지를 어떻게 전달할 것인지에 대해 고민한 끝에 경매 낙찰 사례에 대한 경험담과 해석이 아닌, 현재 진행형 경매 물건에 대한 접근 방식과 해결법에 중점을 두었다.

지금까지 나온 경매 관련 도서를 읽어 본 독자 입장에서는 결과를 가지고 논하는 방식에 익숙해져 있기 때문에 호불호가 갈릴 수 있다. 그럼에도 불구하고 이러한 내용을 담은 이유는 간단하다. 현재 시점으로부터 앞으로 전개될 부동산 시장의 흐름과 경매 물건에 접근하는 방식을 빠르게 터득함으로써 단시간에 많은 물건을 접하게 하는 것이 주 목적이기 때문이다.

이 책은 파트 1의 경매 기본 이론을 읽지 않고 파트 2의 경매 실전 사례를 바로 접해도 최대한 이해하기 쉽게 서술하였다. 특히 경매 초보자들이 어려워하는 권리 분석을 패턴화하는 데 힘썼다.

책의 분량을 무한정 늘릴 수 없기에 좀 더 심도 깊은 내용을 담은 후속 책 출간을 계획 중이다. 이 책이 워밍업 과정이라면 후속 책은 돈 되는 단계, 즉 심화 과정이다. 주요 내용은 예상 낙찰가 산정 비법 공개, 저자의 낙찰 경험담(성공 사례, 실패 사례), 특수물건 입찰 시 백전백승 노하우, 남들 몰래 보는 부동산 정보, 부동산 매도, 매수 타이밍 등이다.

이 책을 읽고 도움이 되었다면 당부하고 싶은 말이 있다.
"지금 당장 시작하라! 긍정의 힘이 곧 성공이다!"

자료 참고

오늘의경매, 대법원경매정보, 서울부동산정보광장, 서울도시계획포털, 클린업시스템, 국토교통정보시스템, 대법원인터넷등기소, 세움터, 정부24, 온비드, 밸류맵, 호갱노노, 미래철도DB, 부동산계산기, 씨리얼, 토지이용규제정보, 스피드옥션, 네이버부동산, 부동산114, KB부동산, 다방, 직방, 땅야